Docteur VIGERIE
Chanoine

Notre-Dame du Puy
ou de France

AVEC

Ses JUBILÉS

✶ ✶ Ses MIRACLES

ET

✶ ✶ ✶ Ses ALENTOURS

LE PUY
IMPRIMERIE DE L'AVENIR DE LA HAUTE-LOIRE
PLACE MICHELET
—
1910

TOUS DROITS RÉSERVÉS

TABLE PASCALE DE 1910 A 2499

M = Mars ; A = Avril.

Ann.	Pâq.	Ann.	Pâq.	Ann.	Pâq.	Ann.	Pâq.	Ann.	Pâq.	Ann.	Pâq.
1910	27 M.	1959	29 M.	2008	23 M.	2057	22 A.	2106	25 A.	2155	20 A.
1911	16 A.	1960	17 A.	2009	12 A.	2058	14 A.	2107	10 A.	2156	11 A.
1912	7 A.	1961	2 A.	2010	4 A.	2059	30 M.	2108	1 A.	2157	27 M.
1913	23 M.	1962	22 A.	2011	24 A.	2060	18 A.	2109	21 A.	2158	16 A.
1914	12 A.	1963	14 A.	2012	8 A.	2061	10 A.	2110	6 A.	2159	8 A.
1915	4 A.	1964	29 M.	2013	31 M.	2062	26 M.	2111	29 M.	2160	23 M.
1916	23 A.	1965	18 A.	2014	20 A.	2063	15 A.	2112	17 A.	2161	12 A.
1917	8 A.	1966	10 A.	2015	5 A.	2064	6 A.	2113	2 A.	2162	4 A.
1918	31 M.	1967	26 M.	2016	27 M.	2065	29 M.	2114	22 A.	2163	24 A.
1919	20 A.	1968	14 A.	2017	16 A.	2066	11 A.	2115	14 A.	2164	8 A.
1920	4 A.	1969	6 A.	2018	1 A.	2067	3 A.	2116	29 M.	2165	31 M.
1921	27 M.	1970	29 M.	2019	21 A.	2068	22 A.	2117	18 A.	2166	20 A.
1922	16 A.	1971	11 A.	2020	12 A.	2069	14 A.	2118	10 A.	2167	5 A.
1923	1 A.	1972	2 A.	2021	4 A.	2070	30 M.	2119	26 M.	2168	27 M.
1924	20 A.	1973	22 A.	2022	17 A.	2071	19 A.	2120	14 A.	2169	16 A.
1925	12 A.	1974	14 A.	2023	9 A.	2072	5 A.	2121	6 A.	2170	1 A.
1926	4 A.	1975	30 M.	2024	31 M.	2073	26 M.	2122	29 M.	2171	21 A.
1927	17 A.	1976	18 A.	2025	20 A.	2074	15 A.	2123	11 A.	2172	13 A.
1928	8 A.	1977	10 A.	2026	5 A.	2075	7 A.	2124	2 A.	2173	4 A.
1929	31 M.	1978	26 M.	2027	28 M.	2076	19 A.	2125	22 A.	2174	17 A.
1930	20 A.	1979	15 A.	2028	16 A.	2077	11 A.	2126	14 A.	2175	9 A.
1931	5 A.	1980	6 A.	2029	1 A.	2078	3 A.	2127	30 M.	2176	31 M.
1932	27 M.	1981	19 A.	2030	21 A.	2079	23 A.	2128	18 A.	2177	20 A.
1933	16 A.	1982	11 A.	2031	13 A.	2080	7 A.	2129	10 A.	2178	5 A.
1934	1 A.	1983	3 A.	2032	28 M.	2081	30 M.	2130	26 M.	2179	28 M.
1935	21 A.	1984	22 A.	2033	17 A.	2082	19 A.	2131	15 A.	2180	16 A.
1936	12 A.	1985	7 A.	2034	9 A.	2083	4 A.	2132	6 A.	2181	1 A.
1937	28 M.	1986	30 M.	2035	25 M.	2084	26 M.	2133	19 A.	2182	21 A.
1938	17 A.	1987	19 A.	2036	13 A.	2085	15 A.	2134	11 A.	2183	13 A.
1939	9 A.	1988	3 A.	2037	5 A.	2086	31 M.	2135	3 A.	2184	28 M.
1940	24 M.	1989	26 M.	2038	25 A.	2087	20 A.	2136	22 A.	2185	17 A.
1941	13 A.	1990	15 A.	2039	10 A.	2088	11 A.	2137	7 A.	2186	9 A.
1942	5 A.	1991	31 M.	2040	1 A.	2089	3 A.	2138	30 M.	2187	25 M.
1943	25 A.	1992	19 A.	2041	21 A.	2090	16 A.	2139	19 A.	2188	13 A.
1944	9 A.	1993	11 A.	2042	6 A.	2091	8 A.	2140	3 A.	2189	5 A.
1945	1 A.	1994	3 A.	2043	29 M.	2092	30 M.	2141	26 M.	2190	25 A.
1946	21 A.	1995	16 A.	2044	17 A.	2093	12 A.	2142	15 A.	2191	10 A.
1947	6 A.	1996	7 A.	2045	9 A.	2094	4 A.	2143	31 M.	2192	1 A.
1948	28 M.	1997	30 M.	2046	25 M.	2095	24 A.	2144	19 A.	2193	21 A.
1949	17 A.	1998	12 A.	2047	14 A.	2096	15 A.	2145	11 A.	2194	6 A.
1950	9 A.	1999	4 A.	2048	5 A.	2097	31 M.	2146	3 A.	2195	29 M.
1951	25 M.	2000	23 A.	2049	25 A.	2098	20 A.	2147	16 A.	2196	17 A.
1952	13 A.	2001	15 A.	2050	10 A.	2099	12 A.	2148	7 A.	2197	9 A.
1953	5 A.	2002	31 M.	2051	2 A.	2100	28 M.	2149	30 M.	2198	25 M.
1954	18 A.	2003	20 A.	2052	21 A.	2101	17 A.	2150	12 A.	2199	14 A.
1955	10 A.	2004	11 A.	2053	6 A.	2102	9 A.	2151	4 A.	2200	6 A.
1956	1 A.	2005	27 M.	2054	29 M.	2103	25 M.	2152	23 A.	2201	25 A.
1957	21 A.	2006	16 A.	2055	18 A.	2104	13 A.	2153	15 A.	2202	11 A.
1958	6 A.	2007	8 A.	2056	2 A.	2105	5 A.	2154	31 M.	2203	3 A.

TOUS DROITS RÉSERVÉS

Docteur VIGERIE
Chanoine

Notre-Dame du Puy

ou de France

AVEC

Ses JUBILÉS

★ ★ Ses MIRACLES

ET

★ ★ ★ Ses ALENTOURS

LE PUY
IMPRIMERIE DE L'AVENIR DE LA HAUTE-LOIRE
PLACE MICHELET
—
1910

Salve Regina !

A LA MEMOIRE DES MIENS

SONNET

Dès l'aube du matin jusqu'au-delà du soir,
Père, mère, sœurs, frère ont, dans un saint délire.
Défiant trop hélas ! les accents de ma lyre,
De l'éternel Destin soulevé le pressoir.

Là, dans leur propre sang, ils sont venus s'asseoir,
Sans que jamais des Chefs le Droit se voie élire,
A travers leur œil bleu, le Ciel se faisait lire :
Les méchants ont détruit le céleste ostensoir.

Le Temps, qui, dans son vol, tout efface et tout lime,
Ne pouvait entamer le dévoûment sublime
Qu'en leur sein alluma la divine Bonté...

O Père de ma mère ! O Père de mon père !
Dont la munificence emplit l'immensité,
Sauve-les ! sauve-nous ! Quand tout périt... j'espère,

Le Puy, 15 août 1899.

A. VIGERIE.

MA SŒUR ELISE

défunte en mars 1895, à l'ancien Evêché

SONNET

Quand l'Envoyé d'En-Haut vint lui fermer les yeux,
Avec ses doigts d'azur il en recueillit l'âme
La serra sur son sein... et son aile de flamme,
En un rapide essor, l'enleva dans les Cieux.

« Elise ! » — « O frère en deuil ! ton pleur en ces bas lieux
« Me voulant près de toi vainement me réclame.
« Combien la Terre, hélas ! est au-dessous du blâme !
« Allons ! amis, volons ! où règnent nos aïeux.

« L'injustice a *là-bas*, son glaive et ses entraves !
« L'écrasement du Droit, l'écroulement des braves
« Dénoncent à quel prix y fleurit la vertu.

« *Ici*, l'on voit le *Juste* — Idéal de l'Histoire —
« Triomphant, radieux, sur le Mal abattu,
« Et, sur sa harpe d'or, toujours chantant : Victoire ! »

Le Puy, avril 1895.

A. VIGERIE.

APPROBATION EPISCOPALE

Nous avons lu nous-même, avec le plus vif intérêt, l'ouvrage de M. le D' Vigerie, chanoine, intitulé *Notre-Dame du Puy ou de France*, avec ses *Jubilés*, ses *Miracles*, ses *Alentours*. Nous sommes heureux non seulement de l'approuver, mais de le *recommander chaleureusement* à toutes les personnes — pèlerines et autres — qui ont à cœur les Gloires de l'Eglise Anicienne. Cet écrit nous a rappelé les qualités littéraires qui distinguent l'auteur. Nous y avons reconnu, avec plaisir, un de nos orateurs les plus goûtés de la Cathédrale et le savant habile qui en a fait l'objet d'études minutieuses et originales à la fois. La chose qui nous a le plus frappé, c'est l'intelligence pénétrante avec laquelle il a su, le premier, croyons-nous, découvrir les sens mystérieux des chapiteaux et en déduire les conséquences chronologiques.

Dans ces pages, tour à tour sereines et vibrantes, les lecteurs lointains auront au foyer domestique, avec un écho de la parole émue et sûre, tombée du haut de la chaire sur la Cité d'Anis, heureuse d'écouter... un précis exact et fidèle des *Jubilés* et des *Miracles* Aniciens, ainsi qu'une monographie instructive des principaux sanctuaires autour de Notre-Dame dont ils forment, suivant une expression bien trouvée, les *satellites*.

Les questions souvent obscures d'origine y sont fouillées avec amour et succès.

Enfin des vers (de l'auteur), d'un jet puissant, d'une belle inspiration, d'une heureuse facture viennent clore ce charmant volume.

Le Puy, ce 16 mars 1910.

† THOMAS-FRANCOIS,
Evêque du Puy.

PRÉFACE

En dépit d'une froidure hivernale, Le Puy en Velay occupe un site enchanteur, d'un pittoresque inouï, qui en fait, suivant les connaisseurs, la plus belle ville du monde, à considérer la perspective. Des hauteurs environnantes, l'on jouit d'un magnifique coup d'œil ; et, en débouchant aux Orgues d'Espaly, devant Saint Joseph de Bon-Espoir, soit par la voie ferrée, soit par la route de Brioude, l'ancienne et la nouvelle, l'on a un superbe lever de rideau, d'un effet ravissant, inoubliable. Au mois des fleurs, le balcon du Musée vous met sous les yeux un coin du paradis sur terre. Et du haut de Corneille, le bassin du Puy où coulent la Borne, le Doléxon et la Loire, ce bassin, dis-je, avec son cirque de montagnes étagées jusqu'au Mezenc, roi des Cévennes, — cette houle de pierres qui semble figée dans un dernier ressaut — tout cet ensemble est d'une beauté inimaginable dont rien ne peut donner l'idée ; ce n'est pas la Suisse, c'est moins sévère; ce n'est pas l'Italie, c'est plus beau (1). L'on y reconnaît la perle de la France centrale, aujourd'hui surtout que la Madone gigantesque domine et bénit cet immense

---

(1) Georges SAND, *Marquis de Villemer*.

horizon. Quel panorama !... Et quel décor dans les processions jubilaires de jadis ! Concentrée dans nos temples, la religion, espérons-le, en éclatera avec plus de force que jamais.

Voulant intéresser le voyageur, le pèlerin dans son passage à Notre-Dame et après son retour au toit familial, nous employons, ici, tantôt les descriptions techniques, tantôt le style de l'historien, tantôt l'art oratoire. Dans nos discours, où l'on peut ouïr au loin un écho de Notre Dame, si parfois l'on entend claquer un fouet qui réveille ou qui cingle — double profit — l'on se rappellera que Dieu ne veut point la mort du pécheur mais sa conversion, que nous l'appelons de tous nos vœux (le pécheur) aux pieds de Notre Dame, au grand Pardon du Puy.

Nous donnons une Notice succincte de nos jubilés passés. Il eut été facile de copier des rapports intéressants qui abondent à la Bibliothèque municipale du Puy. D'autres ont pu le faire avec amour : nous estimons qu'il n'y a pas lieu de voir, dans l'Etude actuelle, un double emploi. Nous usons moins des ciseaux que de la plume : à chacun son goût : bien que les documents aient une valeur incontestable pour les historiens futurs, et que leur collection ait bien leur mérite.

Il y a, dans l'épigraphie et la philologie locales, comme un voile transparent qui laisse deviner un aspect du paganisme vellave et de son faux culte. Il y a là, malgré le chanoine Sauzet, une veine inexplorée que nous effleurons à peine en passant : la science a marché depuis et elle marchera.

Nous disons un mot des alentours religieux de Notre-Dame. Nous avons composé aussi des vers, de la musique : impossible de les publier. Ami lecteur, puissent ces pages t'intéresser ! Salut !

En la fête de sainte Geneviève, 12 février 1910.

LA FOI S'IMPLANTE DANS LE VELAY

SAINT GEORGES,

APÔTRE ET PREMIER ÉVÊQUE DU VELAY (1).

Imitatores mei estote sicut et ego Christi.
Soyez mes imitateurs comme je l'ai été de J.-C.
(I Cor. iv, 16.)

Mes Frères,

En ce jour où l'Eglise du Velay fête saint Georges, son Fondateur et son premier Evêque ; au milieu des sentiments d'une joie bien légitime pour tout le diocèse et spécialement pour la Cathédrale qui possède son siège et une portion de ses reliques, il me semble entendre sortir de ces ossements vénérés une voix paternelle, écho vibrant de saint Paul aux Corinthiens : « Je ne « parle point pour vous confondre, je vous avertis « comme mes enfants bien chers, car eussiez vous « dix mille maîtres en Jésus-Christ, vous n'avez

---

(1) Tout ce qui est imprimé ici, n'a pas été dit en chaire, mais bien la plus grande partie : l'on a corsé un peu l'impression.

« point plusieurs pères : c'est moi qui, par l'Evan-
« gile, vous ai engendrés à Jésus-Christ. Je vous
« supplie donc d'être mes imitateurs comme je
« l'ai été de Jésus-Christ : *Imitatores mei estote.* »

Assurément il est beau d'honorer saint Georges, notre père dans la Foi ; il est beau de lui payer le tribut de la reconnaissance et de la piété filiale : un enfant au cœur bien fait trouve un bien doux plaisir à l'accomplissement d'un tel devoir ; mais ce qui est mieux encore sans nul doute, ce dont le cœur d'un père est le plus fier et le plus jaloux, c'est l'exacte, la fidèle imitation de ses vertus. Eh ! que désire donc un père avec toute l'ardeur de son âme, que désire-t-il avec toutes les fibres de son cœur, sinon partager sa gloire et la communiquer à ses enfants ? Or, il ne faut point s'y tromper, le royaume de Dieu est dans la vertu et nullement dans les paroles : *Non in sermone est regnum Dei sed in virtute* (I COR. IV, 2). Si donc nous voulons, mes Frères, avoir une part à la gloire, à la félicité de saint Georges, si nous voulons régner avec lui dans le Ciel, il faut nous appliquer comme lui à servir Dieu sur la terre, et nous élever en toute rencontre à la hauteur de ses mérites : du moins faut-il en approcher assez pour que ce grand saint reconnaisse en nous ses imitateurs et ses enfants.

De vous dire en détail quelles furent les vertus

de saint Georges, je ne l'entreprendrai pas. Incontestablement il a pratiqué toutes les vertus dans un degré héroïque, puisque l'Eglise l'a mis sur nos autels ; néanmoins il serait peut-être un peu difficile de bien les spécifier et de vous en faire l'histoire. Je m'arrête au trait saillant de sa vie, à celui qui a le plus marqué son apostolat et me semble résumer les autres. Premier Evêque et Fondateur de cette Eglise, Apôtre de ce pays, saint Georges a dû — c'est bien clair — lutter beaucoup afin d'y renverser l'idolâtrie et d'y implanter la foi chrétienne.

Le spectacle de ses combats noblement entrepris, vaillamment soutenus, heureusement terminés, glorieusement couronnés, outre qu'il augmentera en chacun de nous sa juste vénération pour le saint, ne pourra qu'enflammer le courage de chacun dans une lutte pareille contre le paganisme. Et ne croyez point, mes Frères, qu'à l'heure où je vous parle, ne croyez point qu'en pleine civilisation chrétienne le paganisme soit anéanti, en sorte que j'aie l'air d'inventer un ennemi chimérique, afin de vous inviter à une chimérique victoire. Non : nous verrons que cette bête, la bête de l'apocalypse, bien que frappée à mort, n'a pas encore exhalé son dernier souffle ; elle semble même avoir repris des forces, elle semble renifler avec violence, et — preuve qu'elle vit — nous la verrons se mouvoir sous nos yeux.

Mon dessein est donc d'exhiber le paganisme aux prises avec saint Georges, d'abord, et puis avec nous-mêmes.

PREMIER POINT

Suivant les traditions les plus respectables dont le développement remonte à mille ans en arrière (1), l'on était alors sous le règne de Claude. Saint Pierre occupait la chaire pontificale (2). Conquise par Jules César, un siècle auparavant, grâce à une division funeste qui fit échouer un bel héroïsme et le génie audacieux de l'Arverne Vercingétorix, et qui, à l'heure actuelle, fomentée par l'or de l'étranger, lui vaut à lui de faciles victoires et à nous de honteuses défaites, la Gaule, déchue, dépouillée de sa gloire et de son indépendance, n'était plus, hélas ! qu'une province romaine. Elle avait reçu, en échange de sa liberté, les dieux de ses vainqueurs ; ainsi un double paga-

---

(1) V. le P. MATHARAN sur *Saint Georges au IX*^e *siècle, Saint Adon, Usuard, Notker le Bègue* et la *Vie de Sainte Madeleine*.

(2) L'on pourrait placer la mission romaine de nos Evêques en Gaule, par ex. : à l'expulsion des Juifs de Rome dans la neuvième année de Claude, époque où Marc alla le plus vraisemblablement fonder l'Eglise d'Alexandrie. (Cfr. FOUARD, *Saint Pierre*.)

nisme (1) pesait sur cette terre infortunée : c'était, d'un côté, le paganisme romain ou officiel avec son *flamine* ; c'était, de l'autre, le paganisme druidique ou local avec son *gutuater*. Tel était le double ennemi que la religion chrétienne allait rencontrer chez nous. A vrai dire, avec des divergences réelles, au moins dans le principe, ces deux ennemis en étaient venus finalement à s'identifier entre eux. Alors ils *n'en faisaient qu'un* : c'était *un monstre à deux faces*. Il importe, toutefois, de les envisager séparément.

Et d'abord le paganisme romain. Saint Jean, dans sa vision de Patmos, « aperçut une femme
« assise sur une bête couleur d'écarlate ; pleine de
« noms de blasphème, elle avait sept têtes et dix
« cornes. Revêtue d'écarlate et de pourpre, toute
« resplendissante d'or, de pierreries et de perles,
« cette femme tenait dans sa main une coupe d'or
« pleine de ses abominations et de ses impuretés.
« Sur son front on lisait : *Mystère* : c'est la grande
« Babylone mère des fornications et des abomina-
« tions de la terre. Cette femme était ivre du sang
« des saints, du sang des martyrs de Jésus. »
(Apoc. XVII). Il n'est pas douteux que la femme ainsi dépeinte ne soit Rome païenne. Portée par

---

(1) Au Puy, l'on avait ces deux divinités parèdres : *Adidoni* et *Augusto*.

la bête, c'est-à-dire le paganisme, elle a enivré tous les pays du monde du vin de sa prostitution, c'est-à-dire de son idolâtrie.

C'est pourquoi elle est appelée la mère des impuretés et des abominations de la terre, ce qui représente dans le style biblique le culte des idoles. A mesure, en effet, qu'elle marchait à la conquête du monde, Rome ouvrait les bras et accueillait dans son sein les dieux des nations, ne les voulant point avoir contre elle ; en retour, elle importait sur toutes les plages son culte et ses dieux familiers. Le jour n'était pas éloigné où elle les imposerait par la force aux vaincus et où le sang des martyrs témoignerait à la fois de leur noble indépendance et de sa brutale tyrannie. Mais il fut un temps où Rome s'accommoda assez volontiers des cultes étrangers ; elle les laissa subsister à côté de son culte officiel où dominait la politique. Pourvu que l'on subît son joug, elle était satisfaite. Au fond, elle s'adorait elle-même (1) dans son génie, dans sa grandeur, dans sa destinée. Quiconque touchait à ce dieu-là, malheur à lui ! il devenait un

---

(1) Auguste devint dieu, témoin l'inscription votive du Puy : *Adidoni* et *Augusto* « Le *génie* de Rome était déjà une « divinité, quand César et après lui Auguste saisirent l'au-« torité souveraine : on joignit leur nom à celui de la cité « déesse et on les plaça dans les mêmes sanctuaires » (FOUARD, *Saint Pierre.*)

ennemi irréconciliable qu'il fallait anéantir à tout prix. Ce genre de paganisme, que l'on a vu reparaître de nos jours, s'abattit sur la Gaule dès le premier siècle de notre ère.

Un jour, il s'opposa ouvertement au paganisme gaulois ; et la religion druidique, d'une cruauté terrible parmi eux, Auguste l'interdit aux seuls citoyens, mais Claude l'abolit complètement, *penitus abolevit* (1). Déjà les druides avaient été proscrits de la Gaule par Tibère, (PLINE, dans *E. Desjardins*). Toutefois, ou en public ou en secret, les druides conservèrent longtemps encore leurs divinités auxquelles ils offraient du gui cueilli avec solennité à l'aide d'une serpe d'or sur le chêne rouvre. En dernière analyse, ils adoraient la nature dont ils prétendaient avoir les secrets. Jadis ils exerçaient une influence profonde sur la foule dont le chant des bardes animait, exaltait le patriotisme et dont la science des eubages ou devins attirait la curiosité. Parfois alors ils se réunissaient aux environs de Chartres pour les hauts intérêts de leur religion. On rapporte que là, dans la pompe de leurs cérémonies, ils vénéraient une statue avec cette inscription : *Virgini*

---

(1) *Druidarum religionem apud Gallos diræ immanitatis et tantum civibus sub Augusto interdictam, penitus abolevit.* (SUÈTONE. *Claude* XXV.)

pariturœ : à la Vierge qui doit enfanter. Toujours est-il qu'ils avaient en singulière estime la virginité, et qu'ils voyaient dans leurs prophétesses quelque chose de divin. Aussi ne faut-il pas s'étonner s'il y avait parmi eux des oracles dont le plus connu, dont le plus tristement fameux, ici et ailleurs, était celui d'Apollon ou de Bacchus Apollon, à une époque où les dieux étaient mêlés et confondus (1). Ces deux sortes de paganisme, comme tous les paganismes du monde, avaient cela de commun qu'ils prostituaient à la créature les hommages dus au seul Créateur, qu'ils rivaient les âmes au joug de Satan et du péché. Avec des dieux faits à sa taille, l'homme était à l'aise ; il pouvait lâcher la bride à ses passions et se livrer à leurs débordements. Cela explique le grand conflit : la vérité descendue ici-bas avec sa pureté native et la sainte austérité du devoir, a soulevé contre elle toutes les erreurs ; et la meilleure preuve de sa céleste origine, c'est de les avoir vaincues toutes après les avoir toutes soulevées.

Cependant l'heure du triomphe a sonné pour Jésus-Christ. A la vue des ténèbres étendues sur l'Occident, devant ces peuples assis à l'ombre de

---

(1) POLIGNAC : *Podaniacus. Pod.*, élévation ; *ac*, demeure ; *ani*, de l'Esprit. Ajoutez-y *Anicium*, *An*, Esprit ; *(p)ic*, pic ; *Anidoni*, à l'Esprit de la montagne *Denise*, Bacchus.

la mort, saint Pierre sentit s'émouvoir son cœur d'apôtre ; il envoya vers la Gaule qui, sous le nom de *France*, devait être plus tard la *Fille aînée de l'Eglise*, de nombreux essaims d'ouvriers apostoliques. Parmi ceux-ci l'Eglise du Velay a inscrit le nom de son fondateur saint Georges. Saint Georges, parti de Rome avec saint Front, est ressuscité en chemin par ce dernier, vers Bolséna, et tous les deux, comme deux brillants météores éclairant tout sur leur passage, précipitent leur course vers les contrées où la Providence les appelle. Après avoir multiplié les conversions en Italie, en Provence ou en Savoie (1), en Aquitaine indubitablement, ils s'arrêtent et y fixent leur résidence respective. Saint Front à Périgueux ; saint Georges dans le Velay. En vain le paganisme de ce petit pays s'est-il cantonné en quelque sorte derrière ses montagnes inaccessibles ; en vain l'ignorance et la férocité d'un peuple sauvage, en vain la barbarie d'un culte superstitieux, en vain la fureur des druides semblent-elles se dresser devant lui : son zèle apostolique ne connaît point de

---

(1) On lit dans la *Semaine religieuse* d'Annecy, relatée dans celle du Puy, 15 novembre 1903, p. 101 : « Mardi « 10 novembre, au diocèse de Saint-Flour, saint Georges, « premier Evêque du Puy, apôtre de l'Eglise du Velay, qui « selon une ancienne tradition recueillie par Abelly, évan-« gélisa aussi la *Savoie*. »

barrière. Il faut, à tout prix, que là où Rome païenne a fait parvenir son erreur, Rome chrétienne insinue également sa vérité. Dès que ses miracles ont ouvert la porte à la prédication de l'Evangile, il n'a point de cesse, il n'a point de repos qu'il n'ait vu la croix plantée sur cette terre, et ce peuple illuminé des divines splendeurs de la Foi. Le désabusant de ses divinités trompeuses, il lui annonce Jésus-Christ Il lui enseigne qu'il y a un seul Dieu en trois personnes, qu'il n'y a point d'autre Dieu que Jésus-Christ, Fils du Très Haut et de la Vierge Marie. Seul, Jésus-Christ peut remplir les aspirations de tous les cultes qui tous ont ou déifié l'homme ou humanisé Dieu. Seul Jésus-Christ a créé le ciel et la terre, les peuples et les individus, assignant à chacun sa place dans le concert universel, seul Jésus-Christ a tout racheté, — car la nature est déchue — par un sacrifice sanglant qu'il perpétue d'une manière non sanglante, étant à la fois le prêtre et la victime. Seul, Jésus-Christ viendra juger les vivants et les morts, pour leur décerner suivant leurs mérites ou le Ciel ou l'Enfer. Seul, Jésus-Christ règne d'un règne sans fin, et marquera d'un sceau éternel Rome christianisée. Seul Jésus-Christ rend de vrais oracles, des oracles infaillibles par la bouche de son Vicaire, gardien incorruptible de la Révélation. Seul, Jésus-Christ a fait une Mère-Vierge qui l'a enfanté lui-même. Seul, Jésus-Christ élève la nature et la divinise même, en la purifiant d'abord du péché. Seul, par conséquent, Jésus-Christ attire et mérite l'adoration et l'amour de tous les individus, de tous les peuples en la terre et au Ciel.

Devant des affirmations si lumineuses, si intrépides, si désintéressées appuyées par la sainteté de vie et par le miracle, le peuple se convertit en masse ; il veut en hâte être baptisé, régénéré, appartenir à Jésus-Christ. Les idoles sont brisées, les temples abandonnés, les oracles muets. Chaque jour agrandit le nombre des chrétiens. Mais voilà que le paganisme un moment confondu, se ravise bientôt et relève la tête. D'accord avec le seigneur du lieu, les druides chassent à coups de verges, à coups de pierres, le courageux missionnaire dont le sang, semence de chrétiens, en enfante de nouveaux. Ceux-ci le ramènent en triomphe dans la ville où ses miracles et ses vertus lui gagnent enfin tous les cœurs. Dans cette ville, appelée alors Vetula ou Ruessium (1), aujourd'hui Saint-Paulien, il établit son siège épiscopal qui fut, plus tard, transporté au Puy (2. Il choisit dans son nouveau

---

(1) Ru + essium : écoulement de chars (sur la route).

(2) *Podium*, de *Pod*, élévation. *Anicium* a précédé ce nom. V. Chassaing et Jacotin. *Dictionnaire topographique du Velay*, Vᶜ Puy (Le).

peuple, des ministres qu'il ordonne et avec qui il gouverne son Eglise d'après la forme apostolique. Toujours en communion avec Pierre, ces ministres seront le canal par où viendra jusqu'au peuple la pure vérité. Ils seront ses continuateurs après avoir été ses coopérateurs.

Pour lui, il couronne ses travaux comme il les avait poursuivis depuis longtemps : pour leur assurer un succès durable, il les mit sous la protection de la *Vierge d'Anis*, à qui saint Martial de Limoges avait, dit-on, bâti un *petit oratoire* sur ces hauteurs et dont, malgré l'idolâtrie régnante, saint Georges prédit les *gloires futures*.

Oyez cette pieuse légende : Une veuve de Vélaune (Ruessium), convertie par saint Martial, avait été guérie par la Sainte Vierge au mont Anis sur « la pierre des fièvres » (1), d'âge mégalithique et servant jadis d'autel aux druides. A cette nouvelle saint Georges vole en ces lieux ; l'on était au 11 juillet. Sur le plateau couvert de neige, un cerf, dans une course rapide, trace l'enceinte d'une église. Saint Georges l'entoure d'une haie vive, et saint Martial, accouru au bruit du prodige, désigne

---

(1) On a gravé autour de la pierre des fièvres, ces vers léonins :

Plebs hac rupe sita fit sana sopore potita
Si quæras quare virtus ascribitur aræ

la place de l'autel ; il y laissa, dit-on, un soulier de la Sainte Vierge.

Telle est l'origine de l'illustre pèlerinage à Notre-Dame du Puy, à Notre-Dame de France. Néanmoins, les choses restèrent en l'état jusqu'à saint Vosy. Saint Georges, lui, peut mourir désormais sans crainte : son œuvre est aussi glorieusement achevée, qu'elle a été vaillamment soutenue et noblement entreprise. Marie, au surplus, veille sur son avenir ; et, malgré les persécutions qui se sont élevées, que l'enfer a déchaînées depuis, nous voyons de nos yeux, si elle a fait bonne garde.

DEUXIÈME POINT

Mes Frères, un tel succès, un si beau dénoûment dans la lutte de saint Georges avec le paganisme nous invite à saisir les mêmes armes dans le même combat avec le même ennemi. L'ennemi est le même, à savoir le paganisme toujours vivant bien que blessé à mort depuis quinze siècles. Le combat sera le même par conséquent, bien que moins acharné peut-être, en apparence plus qu'en réalité, jusqu'aux approches de l'heure dernière. Pour les armes, ce sont absolument celles de saint Georges : la foi en Jésus-Christ, Fils de Dieu et fils de l'homme, la communion avec la chaire de Pierre, le culte de Marie. Employons ces armes offensives et défensives et la victoire est à nous.

Mais j'entends quelqu'un s'écrier : Où est donc cet ennemi avec lequel nous devons nous mesurer ? Où est cet ennemi qui doit se mouvoir, pour ainsi dire, sous nos yeux ? Hélas ! mes Frères, *l'ennemi est à nos portes, l'ennemi est dans nos murs* et vous ne le voyez pas ! et vous me demandez où il est ! Mais c'est lui qui s'assied à votre table dans un journal irréligieux, dans un livre impie, dans un roman immoral et obscène. C'est lui qui, à l'instant même où je vous parle peut être, *façonne l'esprit et le cœur de vos enfants dans une éducation antichrétienne* qu'on leur donne ou qu'ils se donnent eux-mêmes, en sorte que, ô surprise douloureuse ! c'est lui, l'ennemi que vous embrassez en embrassant vos enfants et vous ne le reconnaissez pas ! Vous croyez tenir un chrétien sur vos poitrines, vous n'en tenez que le *cadavre*. Malheur ! malheur ! trois fois malheur ! Qu'est devenue la foi de saint Georges ! Qu'est devenu le sens chrétien parmi nous ? Avez vous oublié ce que dit saint Jean ? Quiconque confesse Jésus-Christ venu dans la chair, celui-là est de Dieu : et quiconque divise le Christ *Solvit Jesum*, soit en niant sa divinité, soit en niant son humanité celui-là n'est pas de Dieu, c'est l'antechrist en personne : *Hic est antichristus*. (I. JOAN. IV. 2-3). A ce compte combien d'antechrists parmi nous, non seulement parmi les étudiants venus de la capitale ou des principaux centres de la France et Dieu sait si la fureur teutonique : *furor teutonicus* a déversé sur eux sa folie antichrétienne, antifrançaise, antihumaine ! mais encore parmi nos jeunes échappés du collège ou simplement de la primaire, Certes, parmi les professeurs et les maîtres laïques ou non, il en est de fort honorables : j'en sais. Je ne cherche point la division, je ne voudrais point deux Frances au moment où nous avons plus besoin d'union que jamais. Non, je voudrais réunir tous les Français, que dis-je ? je voudrais réunir tous les hommes dans une même justice, dans une même vérité, dans une même charité, à la suite du Sauveur qui est le Sauveur de tous. Je voudrais faire de la France, Fille aînée de l'Eglise, la sœur aînée de toutes les nations (1). Mais sans incriminer personne nommément, force est bien de dénoncer les résultats : ils sont désastreux. Parents chrétiens, à vous d'aller à la racine du mal et d'y porter remède, fallût-il employer le fer et le feu dans cette chair de votre chair. Surveillez vos enfants et l'instruction qu'on leur donne ou qu'ils se donnent :

---

(1) En attendant, ne soyons point dupes, ayons l'œil au guet, le fusil à la main. La force aide bien la douceur comme il convient au « soldat de Dieu ».

vous le devez même lorsqu'ils sont dans des maisons religieuses. (Voltaire n'en est-il pas sorti ?) Vous le devez bien plus quand ils sont dans les autres où trop souvent l'antichristianisme se cache derrière une hypocrite, une impossible neutralité (1).

Si donc vos enfants ne veulent plus du Médiateur divin que Dieu a mis entre le ciel et la terre, entre l'homme et Lui, ils s'en font invinciblement un autre qu'ils adorent à leur gré, et dès lors ils sont païens : de même, s'ils en viennent à dire que tout est dieu, c'est dire qu'il n'y en a point. L'école sans Dieu aboutit bientôt à l'école contre Dieu, athée, antithée. Que si vous plaidez pour eux les circonstances atténuantes, si vous estimez que leur paganisme vient plutôt du cœur que de la tête, je le crois un peu comme vous et je l'attribue à la force de l'hérédité et de l'exemple familial, ainsi qu'à la grâce du baptême dont ils sont, à leur insu, imprégnés ; à cause de cela j'espère aussi leur retour. Mais, outre que plusieurs ont réellement perdu la foi, ceux-là mêmes que vous jugez plus malades au cœur qu'à la tête, écoutent-ils l'Eglise ? Or Jésus-Christ a dit : « Si quelqu'un n'écoute pas l'Eglise qu'il soit pour vous comme un païen et un

---

(1) L'Eglise condamne justement la neutralité scolaire, sans exemple dans l'histoire.

publicain : *Sit tibi sicut ethnicus et publicanus* ».
(MATTH. XVIII, 17).

Et finalement si nous jetons un regard sur les mœurs, ne dirait-on pas qu'on a élevé à tous les vices un autel et une idole ? Ne dirait-on pas que les mœurs sont marquées du sceau de la bête, du sceau du paganisme ? Et n'a t-on pas hasardé cet aphorisme : « Il y aura une morale si nous voulons qu'il y en ait une ? (1) » Ainsi, vous le voyez cet ennemi ; vous le voyez se mouvoir, s'agiter, rebondir ; vous le voyez aspirer sur tous les points à reconquérir sa domination perdue : impossible dès lors, de ne point confesser son existence ; et, si Dieu n'y met la main, le jour n'est peut être pas éloigné où l'on verra, dans des bacchanales et des orgies, les processions obscènes et diaboliques dont nos vallées furent les antiques témoins en l'honneur de Bacchus, d'Apollon, d'Osiris et d'Isis, que sais-je encore ?

Maintenant j'ai à vous montrer deux repaires où il aime à s'abriter et d'où il s'élance sur sa proie. Afin que l'on se tienne en garde, je les dénonce et je les nomme sans crainte.

---

(1) *Revue de métaphysique et de morale*. De la *Revue pédagogique* où puisent la plupart des instituteurs : « L'homme « n'a point d'âme ; évitons de moraliser, étouffons ainsi la « croyance en Dieu. »

D'une part, c'est la Révolution à ciel ouvert ; d'autre part, ce sont les sociétés secrètes.

J'ai dit d'abord, la Révolution à ciel ouvert. D'aucuns vantent la Révolution. De quelle Révolution s'agit-il ? Entendons nous sur la chose, ne disputons point sur les mots. S'agit-il de la Révolution morale et religieuse, belle comme la Révolution des astres, de la Révolution accomplie par Jésus. Mais nous en sommes : c'est notre unique raison d'être. S'agit-il de la Révolution très belle qui veut et amène les progrès honnêtes et légitimes dans tous les ordres physique, intellectuel et moral ? Mais nous en sommes. S'agit-il de la Révolution non moins belle qui va briser les chaînes du continent africain et lui dispenser les bienfaits d'une civilisation supérieure et chrétienne ? Mais nous en sommes, autant que personne plus et mieux que personne. S'agit-il d'une Révolution qui rêve — hélas ! ce n'est qu'un rêve — le triomphe du droit sur la force à tous les dégrés de l'échelle sociale et entre tous les peuples ? Nul n'en est plus que nous, et, j'ose le dire nul n'en est plus que moi, ennemi né de l'arbitraire, qui exècre le triomphe de la force sur le droit. Ici encore le *Christianisme* est avec moi, mais le *Darvinisme* qui se répand comme un cancer : *ut cancer* : est contre nous [1],

---

[1] Voyez surtout l'allemand Nietsche.

s'agit-il d'une Révolution qui assure à un pays, au nôtre par exemple, la plus grande somme de liberté — je dis liberté et non licence — compatible avec la sûreté de l'Etat ? Nous en sommes toujours. Mais s'agit-il, au contraire, d'une Révolution d'essence *satanique*, comme a dit J. de Maistre, d'une Révolution que Stahl de Berlin a définie : « L'ennemie jurée, l'ennemie irréconciliable du Christianisme » ; de cette Révolution *infernale* qui chasse Jésus-Christ et Dieu même de la Loi, qui a fait couler par torrents le sang le plus pur de la France catholique — des chrétiens, des prêtres, des honnêtes gens — s'agit il de celle-là ? *Anathème à jamais et malédiction sur elle !* Nous n'en sommes pas et n'en pouvons pas être tant que l'on n'aura point effacé de nos fronts baptisés, leur sceau indélébile ; tant qu'on n'aura point enlevé de nos consciences, humaines encore, le *bon sens* et le *sens du Juste et du Vrai et du Bien.*

Déjà cette Révolution antichrétienne est jugée comme l'arbre à ses fruits. Voulez-vous connaître son virus immanent et secret ? Partie de la *Liberté*, de la *Fraternité*, de l'*Egalité* évangéliques, elle aboutit, par la logique des choses, à l'anéantissement de la *Fraternité*, de la *Liberté*, par l'*Egalité* stupide et criminelle du néant ou le nihilisme. *Rien, rien rien,* voilà où aboutit fatalement l'opposé de l'*Etre*, du *Vrai*, du *Beau*, du *Bon*, de *Dieu* (1). Assez de ruines et de malheurs. Arrière l'innommable, arrière l'infamie !

Voici une preuve éclatante de la divinité du Catholicisme, — car c'est là que vise la conspiration universelle : — pour l'abolir et le renverser, l'on est acculé à tout anéantir. Seul l'éternel auteur des deux ordres — naturel et surnaturel — pouvait ainsi les souder, pouvait les lier ainsi d'un nœud indissoluble.

L'on ne saurait trop le redire, la Révolution est l'ennemi sans mesure et sans fin du Christianisme. Plus de Catholicisme ! plus de Christianisme ! *écrasons l'Infâme* (idole), c'est-à-dire Jésus-Christ et son Eglise ! Tel est son cri de ralliement d'un bout du monde à l'autre. Elle ne se donne aucun repos dans l'espoir d'arriver à son but. Mais l'Eglise est divine : elle est immortelle : Dieu se rit de leurs vains efforts. Toutefois, ceux-là sont *aveuglés*, dit Ferdinand Brunetière, qui ne « voient pas que « le programme de nos adversaires étant de *déchris-*« *tianiser* la France (pour nommer ce seul pays), « nous fuyons le combat et nous livrons la Patrie, « si nous feignons de croire que la lutte est *ailleurs*, « et pour conclure enfin que l'*idée religieuse* est la

---

(1) Cfr. Em. FAGUET. *Revue des deux Mondes*, 1ᵉʳ août 1901.

condition ou plutôt le fondement de tout ce que « l'on enveloppe sous le nom des *droits de l'homme* (1). »

Elle ne veut plus, cette Révolution, du Dieu-homme tel que le Ciel nous l'a donné ; et, comme il lui en faut un, elle prend un homme ou une femme à sa taille, malpropre comme elle ; elle en fait son dieu. Rappelez-vous ces jours néfastes de la Terreur où, sur nos autels profanés, se dressa ce Dieu nouveau. Juste Ciel ! quel attentat sacrilège ! En vain la Révolution, dans sa marche méthodique et graduée, concluait-elle sur ses sommets à l'existence d'un *Etre suprême* (elle a marché depuis) et se contentait d'un culte idéal, cela ne suffisait point aux instincts, aux besoins, aux passions de la foule qui ont aussi leur logique. Il lui fallait une divinité palpable, on l'incarna dans une idole de bouc, dans le *marbre vivant d'une chair publique* (2) et on la nomma *déesse Raison*. Ces jours, mes Frères, ne sont pas tellement loin de nous que nous ayons pu en perdre la mémoire et qu'ils ne menacent souvent de nous revenir. Depuis lors, il est vrai, l'on a, maintes

---

(1) *Nouvelliste de Lyon*, 3 juin 1902. L'on sait que Brunetière a proclamé avec franchise la *faillite de la science* qui veut remplacer la religion.

(2) LACORDAIRE, vingt-troisième conférence de N.-D. de Paris.

fois, muselé le monstre frémissant ; mais savez-vous dans quelle loge il se tient ? Il est un peu partout, jusque dans le sanctuaire des lois. *La Loi est athée*, proclamait un jour Odilon Barrot. Qu'est ce à dire, mes Frères ? Est-ce que la Loi peut plus se passer de Dieu que les hommes qui la font et en dehors de qui elle n'est plus qu'une abstraction impuissante et vaine ? Evidemment non : dans quelque position qu'ils occupent, au timon de l'Etat comme ailleurs, il faut un Dieu aux hommes, et quand ils n'en ont point d'autre, ils s'adorent eux-mêmes, témoin les Césars païens qui se firent adorer même au Puy, au mont Anis : *Adidoni* et *Augusto*. Cela veut donc dire : la loi n'exclut aucune divinité, elle les admet toutes également, sans en proclamer aucune. Je me trompe, mes Frères, cela est déjà mal sans doute ; mais la signification est plus radicale encore, car ce partage égalitaire, si odieux qu'il soit, est impossible ; on ne l'a jamais vu, surtout on ne l'a jamais vu durer. Cela veut dire : En dehors de la Loi, il n'y a point de Dieu, POINT D'AUTRE DIEU QUE LA LOI. Vous la reconnaissez, mes Frères, la vieille idole qu'affichait tout à l'heure l'antiquité. Ici, comme pour Rome païenne, malheur à qui touche à ce dieu ! Malheur à qui ne fléchit point le genou devant le *dieu-Etat !* L'Allemagne, la Suisse, l'Italie, la France — pour ne citer que ces noms — manifestent parfois comment elle se venge, cette idole ressuscitée du paganisme.

Si nous en venons aux *sociétés secrètes* (1), aujourd'hui suffisamment démasquées (2), elles nous donnent un spectacle non moins hideux. D'abord se lier par un serment sans réserve à des ordres, à des secrets inconnus que peut réprouver la conscience, est un acte criminel au premier chef, immoral au dernier degré, un acte non seulement contraire au droit humain ou divin positif, mais encore contraire au droit naturel dont nul au monde ne peut dispenser. Aussi, ces sociétés abominables, vomies par l'Enfer, portent-elles au front les coups de foudre de l'Eglise. Maints papes, jusqu'au sage Léon XIII dont je suis ici l'écho, ont fulminé contre elles leurs anathèmes éminemment réprobateurs. Et c'est justice. C'est un crime en effet presque inexpiable d'aller dans ces antres d'une prétendue civilisation supérieure, où gît en définitive la plus rétrograde barbarie, sous le masque d'une imposture unique.

Comme la Révolution ouverte qui a là son vestibule, elles rejettent pareillement Jésus-Christ : l'antichristianisme est le dernier mot de leur sym-

---

(1) Réunion de Juifs, de Huguenots et de mauvais Français qui perdent la France.
(2) Cfr. SAINT-ALBIN, *Mgr Deschamps*, etc., etc.

bole, car elles en ont un, *le diable* étant, suivant Tertullien, le *singe de Dieu*. Elles accueilleront peut-être tous les dieux possibles — encore aujourd'hui elles n'en veulent plus — mais pour Jésus-Christ, jamais. Elles ne le peuvent même pas. Pourquoi ? parce que Jésus-Christ déclare la nature *viciée*, puisqu'il en est, Lui, le *Réparateur*, tandis que, appuyées sur la fausse science : *falsi nominis scientiæ*, elles adorent la nature *telle quelle*. D'aucuns même ont prétendu qu'aux arrière-loges on adore Satan, l'ennemi personnel, l'ennemi né de Jésus-Christ, Satan, la nature la plus déchue en toute sa noirceur. Rappelez-vous Cadurci et son hymne à Satan. Eh bien! mais le jour et la nuit ne sont pas plus inconciliables, ni plus incompatibles. Quel accord est possible entre Jésus-Christ et Bélial : *quæ autem conventio Christi ad Belial* (II Cor. vi, 15). C'est à ce dieu — Satan ou du moins la nature — que, par des voies mystérieuses, des initiations multiples, elles conduisent insensiblement leurs coupables adeptes. Ah! sans doute, si elles avouaient tout dès l'abord ; si elles inscrivaient sur leur antre leur maudit secret, beaucoup, n'étant plus dupes, reculeraient de dégoût de mépris, d'épouvante et d'horreur. Oui ; mais, avec une hypocrisie sans égale qui fait le succès du système, elles attirent à elles par le charme décevant de l'inconnu — ainsi Eve et le diable — et elles retiennent les prises de leurs filets par des liens irrévocables. Elles cachent leur paganisme sous des voiles séduisants, sous des dehors humanitaires : sociétés de bienfaisance, de secours mutuels, etc. Quoi de plus beau ? Mais la bête est là-dessous : Seigneur, écrasez la bête venimeuse qui mort et tue, et sauvez le pécheur s'il le veut.

J'ai dit : des dehors humanitaires. Leur humanité pourtant sait faire jouer le poignard. Au dieu qu'elles ont et qu'elles adorent, il faut indispensablement des victimes et elles lui offrent — ô humanité ! — elles lui offrent toutes pantelantes des victimes humaines : témoin, entre mille autres, ce président catholique tombé naguère sous leurs coups, dans le Nouveau-Monde. J'ai nommé l'illustre républicain Garcia Moreno que son zèle républicain n'a pu sauver de l'abattoir maçonnique.

Le jour de Saint-Hilaire, Poitiers entendit ces paroles de la bouche du cardinal Pie : « Là, dit il,
« la parole de Jésus-Christ : Cherchez d'abord le
« royaume de Dieu et sa justice et les autres cho-
« ses vous seront ajoutées par surcroît, recevait de
« jour en jour son accomplissement. Il allait être
« acquis à l'histoire que les bénéfices de la doc-
« trine et de la morale de l'Evangile sont indé-
« pendants de la *forme* des Etats chrétiennement

« constitués (ce qui n'implique point l'indiffé-
« rence absolue de la *forme*), et que la prospérité
« des anciennes républiques aristocratiques de
« Venise et de Gênes peut devenir celle des répu-
« bliques démocratiques modernes. Cette démons-
« tration grandissait à vue d'œil. Mais la
« *Révolution* qui la voyait grandir tenait en ses
« mains le *poignard* (1). Salut, ô Garcia Moreno !
« Salut aux rayons multiples de l'auréole du mar-
« tyre ! C'est aussi celle de la doctrine et de la
« doctrine la plus méconnue des gouvernements
« de notre âge, la doctrine de la *politique chré-
« tienne* (2). »

Enfin, de peur qu'on ne s'y méprenne sans doute, le paganisme moderne, comme pour mieux établir son identité avec le paganisme ancien, a fait appel à toutes les hérésies, à toutes les erreurs de

---

(1) D'après un journal italien, sur l'inauguration de l'exposition Vaticane. « Le corps législatif de l'Equateur
« vote une somme considérable pour fêter le Jubilé (1888).
« Le président envoie un précieux coffret en cristal de
« roche, tout orné de pierreries, contenant le message que
« l'illustre Garcia Moreno tenait à la main quand il tomba
« sous le *poignard* des sicaires de la *franc-maçonnerie*. »

(*Etudes religieuses des PP. de la Compagnie de Jésus*, février 1888, p. 311.)

(2) *Histoire du Cardinal Pie, évêque de Poitiers*, par Mgr BAUNARD, deuxième édition, Poitiers, 1886, t. II, p. 590-600. — Cfr. Le P. A BERTHE, *Garcia Moreno*, etc.

tous les âges qu'il a à peine vernissées d'un nom nouveau : *modernisne,* il a aussi déifié toutes les passions mauvaises, il s'est entouré aussi de magiciens et de spirites, car il n'y a jamais eu plus de crédulité que chez les incrédules ; et sa maxime est non seulement : diviser pour régner, mais encore corrompre pour asservir.

Heureusement — Moreno a raison — Dieu ne meurt pas, *Dios no muere…,* et il sait, quand il lui plaît faire sentir sa présence.

La voilà, mes Frères, la voilà cette bête de l'apocalypse. Elle a reçu un coup de mort, car depuis Constantin le Grand, elle a cessé de *régner* souverainement sur le Monde : pour elle, ne pas régner, c'est mourir. Non, elle ne règne plus autant qu'elle le voudrait ; mais elle vit toujours, toujours prête à ressaisir son pouvoir de ruine et d'extermination. Si elle ne domine plus comme auparavant dans nos sociétés chrétiennes, c'est Jésus-Christ qui a renversé sa domination néfaste et détruit son empire mauvais. Aussi Lui a-t-elle voué, à Jésus-Christ, une haine à mort, une haine implacable, une haine inassouvie, une haine éternelle, une haine d'enfer, pour tout dire en un mot. Quand Jésus-Christ, soleil de justice, vrai Dieu de vrai Dieu, lumière de lumière, s'est levé à un bout de l'horizon, le paganisme tremblant fuyait à l'autre bout, comme les ombres tremblent devant l'aurore et fuient devant le jour. Enfant des ténèbres, enfant de la nuit, il hait la lumière, et, s'il s'enfonce dans son double repaire, c'est pour s'y dérober. Il appelle de ses vœux ardents, il précipite de tout son pouvoir, le déclin de ce jour odieux, afin de jeter impunément ses filets et de saisir victorieusement sa proie. A l'heure où je vous parle, nous voyons l'Eglise catholique universellement persécutée : il n'en faut point chercher d'autre cause, la cause en est dans le paganisme de la Révolution et des sociétés secrètes, ces deux filles de la prétendue Réforme.

Et maintenant, mes Frères, assisterons-nous impassibles à cette lutte solennelle d'où dépend la vie et la mort pour chacun et pour tous ? Demeurerons-nous les bras croisés ? Ne ferons-nous rien pour disputer aux griffes du monstre, à la rage de la bête nos voisins, nos amis, nos parents ? Est ce ainsi que l'on imite saint Georges ? Saint Georges a tout fait pour donner la foi à ce pays et l'on ne ferait rien pour la défendre ? Souvenons-nous de notre père : du haut du ciel, il nous appelle, il veut nous contempler dans la lutte avec la Révolution et les sociétés secrètes. Levons-nous à sa voix, sachant bien que la Révolution, comme Saturne, « dévore ses enfants ». Armons-nous de ses armes et de sa foi invincible. Tirons le glaive de la foi qui nous donnera la victoire : *Hæc est victoria quæ vincit mundum, fides nostra* (I JOAN. v. 4.) Mais ayons toute la foi de saint Georges, la foi en Jésus-Christ d'abord Fils de l'homme et Fils de Dieu, la foi en saint Pierre toujours vivant dans son successeur infaillible, la foi en Marie immaculée, terrible comme une armée rangée en bataille. C'est elle, cette Vierge puissante, qui, si nous combattons vaillamment, mettra l'ennemi sous nos pieds comme elle le mit sous les pieds de saint Georges. Dussions-nous, pour cela, verser nos biens, nos sueurs, notre sang même, Dieu aidant nous ne reculerions pas.

Quiconque, mes Frères, veut vaincre doit se garder, en y mettant tous ses soins, de pactiser avec l'ennemi et de faire son jeu. Gardez-vous donc totalement de la *Révolution* et des *sociétés secrètes*. C'est à bon droit qu'elles portent sur le front les anathèmes, les coups de foudre de l'Eglise ; gardez-vous du monstre qui s'est cantonné dans ce double repaire. Il rugissait un jour parce qu'il avait dû lâcher une partie de sa proie sur le terrain de l'enseignement supérieur. Contraint de laisser à l'Egise une liberté qui est le droit imprescriptible, inaliénable de la *vérité seule*, il nous apprenait, par ses longs rugissements, la valeur de notre conquête et le danger qu'elle lui faisait courir. Hélas ! ce temps même n'est plus ; sur ce terrain, aujourd'hui, c'est la liberté *totale* que l'on veut immoler aux dieux infernaux.

Catholiques habitants du Velay, enfants fidèles de saint Georges, toujours si généreux pour la foi, que ce soit, pour vous le signal électrisant du combat. Une fois de plus, à cette occasion, montrez combien vous aimez la lumière qui s'est levée du côté de Rome sur notre pays. Aidez non seulement de vos prières, mais encore de vos subsides, aidez l'Eglise de France dans sa lutte contre le paganisme, un paganisme aussi mauvais que le pire. Vous mériterez ainsi, pour vous et les vôtres, une part dans le triomphe final. C'est la grâce que je vous souhaite au nom du Père, du Fils et du Saint Esprit. Ainsi soit-il.

Prêché à Notre Dame du Puy, le 14 novembre 1875, avec des variantes.

SAINT VOSY, TRANSFÈRE A ANICIUM (LE PUY) LE SIÈGE EPISCOPAL

LA DÉDICACE

> *Erit nomen meum ibi.*
> Mon nom sera en ce lieu.
> (III *Reg.* vii, 1-29.)

Monseigneur, Mes Frères.

Dans ce bel univers, chef-d'œuvre de ses mains, temple immense de sa divinité, Dieu a mis son

Façade de la Cathédrale

nom partout. Il l'a mis dans les cieux qui se déroulent sur nos têtes, il l'a mis dans le grain de sable que nous foulons aux pieds ; il l'a mis dans le rayon tremblant de la lumière, il l'a mis dans la fleur gracieusement épanouie sur sa tige; il l'a mis dans le vol et le chant de l'oiseau, il l'a mis dans le port, l'allure, le rugissement du lion ; il l'a mis dans le sourire de l'aurore, dans l'éclat d'un beau jour ; il l'a mis dans les superbes mugissements de la tempête, dans les colères bondissantes d'une mer irritée; il l'a mis dans les yeux de l'enfant, il l'a mis dans le cœur de la mère ; il l'a mis notamment sur le front de l'homme roi et prêtre de la nature. Inimitables l'une et l'autre, la perfection de l'ouvrage est la signature de l'ouvrier.

Oui, mais il l'a mis d'une manière toute spéciale dans le temple dédié à son culte surnaturel.

Salomon avait bâti un temple au Seigneur, le plus beau qu'ait vu l'antiquité. Lorsqu'il l'eut consacré dans une dédicace solennelle, lorsqu'il eut fait couler par torrent le sang des bœufs et des brebis, une nuée miraculeuse emplit le lieu saint (1). C'était la Majesté divine qui se manifestait et prenait possession de sa demeure. Salomon demanda à Dieu d'avoir toujours les yeux ouverts sur cette maison, il lui rappela que c'était la mai-

---

(1) III *Reg.* VIII, 5-11.

son dont il avait dit lui-même : *Erit nomen meum ibi*, mon nom sera en ce lieu.

C'est là, en effet, que Dieu fut plus propice à l'homme, qu'il exauça plus volontiers sa prière, soit dans le premier, soit dans le second temple élevés par les Juifs à Jérusalem.

Il en fut ainsi tant que dura l'ancienne loi.

Mais quand Jésus-Christ eut donné la loi nouvelle et qu'un sacrifice nouveau, sortant de l'étroite enceinte de Jérusalem, enveloppa le monde entier, alors les temples se multiplièrent, le prêtre chrétien emporta pour ainsi dire son Dieu avec lui, et il put le fixer sur tous les points du globe. Dieu n'y signala pas toujours sa présence par le miracle, mais sa présence ne laissa pas d'être plus réelle encore dans nos temples que dans celui de Salomon : dans celui-ci il n'y avait en définitive que la figure, au lieu que dans les nôtres il y a la substantielle, la pleine et entière réalité. Nous pouvons d'autant mieux appliquer à nos temples les mots que Salomon appliquait au sien : *erit nomen meum ibi* : mon nom sera en ce lieu. Ces mots, en ce jour anniversaire de leur Dédicace, toutes les églises du diocèse les ont récités de concert. Nul ne l'a fait avec plus de joie que Notre-Dame du Puy, comblée des faveurs célestes.

Mes Frères, puisque le nom du Seigneur est dans nos églises, elles doivent être pour nous d'un prix inestimable et elles doivent nous imposer de sérieuses obligations. En y attachant son nom, divinement efficace, le Seigneur a dû y attacher à la fois une grande valeur et de grands devoirs. Afin d'y attacher mieux encore notre estime et de creuser plus avant ce sujet, examinons ensemble ce que vaut une église, ce qu'elle exige de nous.

PREMIER POINT

Deux choses peuvent servir à évaluer une église : le prix qu'elle a coûté, les biens dont elle est la source. Il est clair que ces biens et ce prix en mesurent exactement la valeur.

D'abord, que n'a pas coûté une église ?

Elle coûte souvent beaucoup à l'homme qui l'élève. Certes, il a fallu un long temps, il a fallu la persévérance d'éminents Pontifes, il a fallu la fécondité et l'effort de beaux génies, il a fallu le concours de mains nombreuses, il a fallu l'or, la générosité, la munificence du monde catholique pour élever cette merveille, capable de rivaliser avec le temple de Salomon, qu'on appelle Saint-Pierre au Vatican, Saint-Pierre qui dépasse toutes les églises par la révélation d'une puissance, d'une grandeur souveraine, comme le Pontife qui la dessert dépasse tous les pontifes par l'éclat et la majesté d'une autorité hors de pair. Prêtres et fidèles, artistes et ouvriers grands et petits, tous avaient compris, avec l'intuition du génie chrétien, avec l'instinct du cœur chrétien, qu'il convenait d'avoir à Rome (1) un temple égal en quelque sorte à la suprême Dignité, à la Majesté triomphante du nom qu'on y invoque. Nous avons ainsi, en peu de mots, le secret de cette œuvre que l'infidélité elle-même a chantée :

« Parmi tous les temples antiques et tous les
« nouveaux autels, on ne peut rien te comparer,
« édifice imposant, le plus saint, le plus vrai, le
« seul digne de l'Eternel. Depuis que Sion fut
« désolée, depuis que le Très-Haut abandonna la
« cité de son choix, de tous les monuments élevés
« à son honneur par la main des hommes, quel
« est celui qui pourrait être plus sublime? Majesté,
« puissance, gloire, force et beauté, tout est dans
« ce temple du Dieu de l'univers. » Vous avez entendu lord Byron (2). Peut-être y manque-t-il un peu de religieuse tendresse.

Mais quel spectacle impressionnant lorsque le Souverain Pontife, entouré des Evêques du monde catholique comme il m'a été donné de le voir au Concile du Vatican (1870), du haut de la *loggia* de Saint-Pierre donne la bénédiction *Urbi* et *Orbi*...

---

(1) *Rumen*, courant.
(2) CHILDE HAROLD, chant IV, stance, 154.

Intérieur de la Cathédrale

Rien ne peut effacer le souvenir de ces splendeurs inoubliables : l'on dirait un coin du Ciel descendu un moment sur la terre.

Je ne m'attarde point à énumérer ces fiers édifices grecs, romans, byzantins ou gothiques, couvrant le sol de l'Europe et du monde, et qui tous ont coûté des sacrifices inouïs. Je vous dis seulement : levez les yeux, contemplez cette magnifique Cathédrale, d'un style romano-byzantin ; et, dans ces coupoles multipliées, à arcs de cloître, qui, de leurs trompes, s'élancent vivement vers les cieux où elles semblent emporter vos prières ; dans ces coupoles, dominant les chapiteaux les plus instructifs, dominées elles-mêmes par le dôme central, comme les églises particulières par celles du Pape ; dans ce clocher superbe qui, d'un bond audacieux, semble monter, monter encore et dédaigner la terre où la chaîne de la gravité nous retient pesamment attachés ; dans ces voûtes hardies, jetées comme par miracle au-dessus de l'abime où elles vous tiennent suspendus, afin d'étendre, plus loin que ne le permettait la nature, la base de ce puissant édifice en partie aérien, voyez, traduite en pierres, la foi de vos aïeux. Jadis le mystère y suintait de toutes parts, avec le jour discret que tamisaient, qu'irisaient des vitraux disparus et regrettés : ces regrets étaient ceux de Georges Sand, c'étaient aussi ceux de mon père et les miens. S'il est vrai qu'il y faut voir, il y a moyen de tout concilier.

Néanmoins, quels sacrifices n'a-t-il point fallu pour une telle œuvre ! et quelle foi pour de tels sacrifices !

Il n'est pas jusqu'à la modeste église de village qui n'ait sa poésie :

C'était une humble église au cintre surbaissé...

chante Victor Hugo (1); il n'est pas jusqu'au sanctuaire le plus abandonné qui n'ait souvent coûté beaucoup à la foi du pauvre, et quand le pauvre qui a peu donne tout ce qu'il a, c'est tout simplement de l'héroïsme, c'est le sublime de la générosité. L'obole du pauvre pèsera plus dans la balance divine que l'or du riche somptueux, bien que l'une et l'autre soient nécessaires à l'Eglise. Une église coûte donc beaucoup à l'homme qui l'élève ; elle coûte infiniment plus au Dieu qui l'habite. Tandis que au temple de Salomon se cachait le nom du Seigneur, tandis que au temple de l'Uni-

---

(1) *Chants du crépuscule*, XXXIII.

« Soyez comme l'oiseau, posé pour un instant
    « Sur des rameaux trop frêles
« Qui sent ployer la branche et qui chante pourtant
    « Sachant qu'il a des ailes ! »

vers se dévoile la divinité que n'enclot nul ouvrage ni de l'homme ni de Dieu, car

Par de là tous les cieux, le Dieu des cieux réside (1).

nous avons ici tout à la fois le nom du Seigneur, sa divinité et son humanité. Ici, est le Dieu fait homme; ici, est le véritable Emmanuel ; ici est le Verbe incarné qui crée et qui rachète et fait mentir le *silence* (2) de Simon le magicien et de ses disciples attardés parmi nous ; ici, pour tout dire en un mot, est Jésus-Christ Notre-Seigneur. De créer le monde ç'a été un jeu de sa puissance et de sa virtuosité incomparable; mais de venir *habiter* parmi nous, il lui en a coûté des efforts immenses, il lui en a coûté et son sang et sa vie. C'est au prix de son sang qu'il s'est fait le prêtre, la victime, le Rédempteur de l'humanité ; c'est au prix de son sang qu'il s'est perpétué lui-même dans l'adorable Eucharistie, richesse suprême de nos églises ; c'est au prix de son sang qu'il a institué le sacerdoce catholique et fait le prêtre le continuateur de son œuvre, en toutes choses permanentes, même pour oindre ces murailles d'une huile sainte avec un doigt consécrateur, pour en faire la dédicace religieuse si Dieu

---

(1) VOLTAIRE, *La Henriade*, chant, VII, vers 65.
(2) La σιγή principe de toutes *choses*.

n'y a pourvu déjà. Est-ce tout ? Non. Tous les jours, à la voix d'un homme, son ministre, Il vient, Lui, le tout-puissant, Il vient avec l'escorte invisible de ses anges ; Il vient, Lui que ces anges n'adorent qu'en tremblant, Lui dont un regard dissipe les nations et foudroie les montagnes séculaires : Il vient, Lui qui courbe ces montagnes sous les pas de son éternité (1) ; Il vient pour l'homme jusqu'à l'homme ; Il abaisse la hauteur des cieux ; Il descend à l'autel, Il s'enferme lui-même captif volontaire sous les voiles eucharistiques comme dans une prison d'amour où l'attend plus d'un sacrilège.

Tous les jours il coule de ces hauteurs, je veux dire de l'autel, il coule sept sources de grâces qui, par les sept Sacrements, comme par autant de canaux, se répandent dans tout le corps de l'Eglise et vont vivifier, purifier, sanctifier les membres de Jésus-Christ ici-bas. Quelle en est l'origine ? Quelle en est la source première ? La plaie béante de son cœur.

Voyez-vous, mes Frères, ce qu'il en coûte à Dieu pour se faire une Eglise ? Une Eglise ! c'est toute la religion, en abrégé je le veux, mais toute la religion enfin. Elle tient à tout, tout tient à elle dans l'économie actuelle ; et nous pouvons nous

---

(1) HABACUC, III, 6.

écrier avec le prophète dans un sens un peu différent : O Israël ! combien grande est la maison de Dieu ! O Israël ! *quàm magna est domus Dei* (1) !

Cette maison, parfois Dieu emploie le miracle pour la désigner et se la consacrer. Voilà justement ce qu'il a fait suivant nos légendes pour cette basilique privilégiée. Si l'on admet les traditions locales, conservées d'âge en âge, traditions des plus anciennes et des plus respectables, la Reine du Ciel désigna dans une double vision cet emplacement qu'elle avait choisi pour son culte. La neige tombée successivement aux yeux de deux (2) pontifes, saint Georges et saint Vosy, en marqua miraculeusement l'enceinte, en un mois inaccoutumé, par son éclatante blancheur. A cette vue, on se met à l'œuvre sous l'impulsion de Vosy. Grâce au dévoûment universel et à l'habileté de Scutaire, sept ans au plus, dit-on, suffisent à l'achèvement de l'édifice d'alors, dont le plan comprenait l'abside et la coupole principale, c'est à-dire le chœur actuel des chanoines et la croisée où s'élève le maître-autel : le tout forme la *chambre angélique*. L'âge de ces constructions disparues est reporté par nos chroniqueurs au IIIe ou IVe siècle.

---

(1) BARUCH, III, 24.
(2) Que ce miracle soit arrivé *deux fois*, c'est « chose qui n'est pas incroyable. » (Le P. Odo de Gissey.)

Lorsqu'il s'agit de la *Dédicace*, Vosy et Scutaire s'acheminent vers la Ville éternelle. Soudain, à Corsac, sur la Loire, au lieu dit les Trois Pierres, suivant les uns, à la Chartreuse de Villeneuve, suivant les autres, des Envoyés d'en haut les saluent : ils leur remettent des reliques venues de Rome et leur annoncent que la *consécration* se fait au moment même de la main des *Anges*. Alors, revenant sur leurs pas, Vosy et Scutaire abordent la basilique dont, mues par des mains invisibles, les portes s'ouvrent, les cloches sonnent spontanément. Le peuple accourt de toutes parts et tous ensemble ils voient avec une joie ineffable le sanctuaire illuminé d'une multitude innombrable de torches aux divines senteurs, et l'autel arrosé d'une huile au parfum céleste. C'étaient les Anges qui achevaient eux-mêmes la consécration de cette église et lui valaient ainsi le nom si bien porté depuis d'*église angélique*. Le miracle a marqué son berceau, sa dédicace ; le miracle l'a accompagnée bien avant dans son histoire. Aujourd'hui, si l'on y en voit moins, l'on en voit à Lourdes et autres lieux qui n'ont pas subi les mêmes profanations que celui-ci, et l'on peut y en revoir encore avec la foi vive qui transporte les montagnes. Le bras de la Vierge puissante n'est pas raccourci. Elle a beau multiplier les merveilles aux confins de la France catholique et de la catholique Espagne, elle

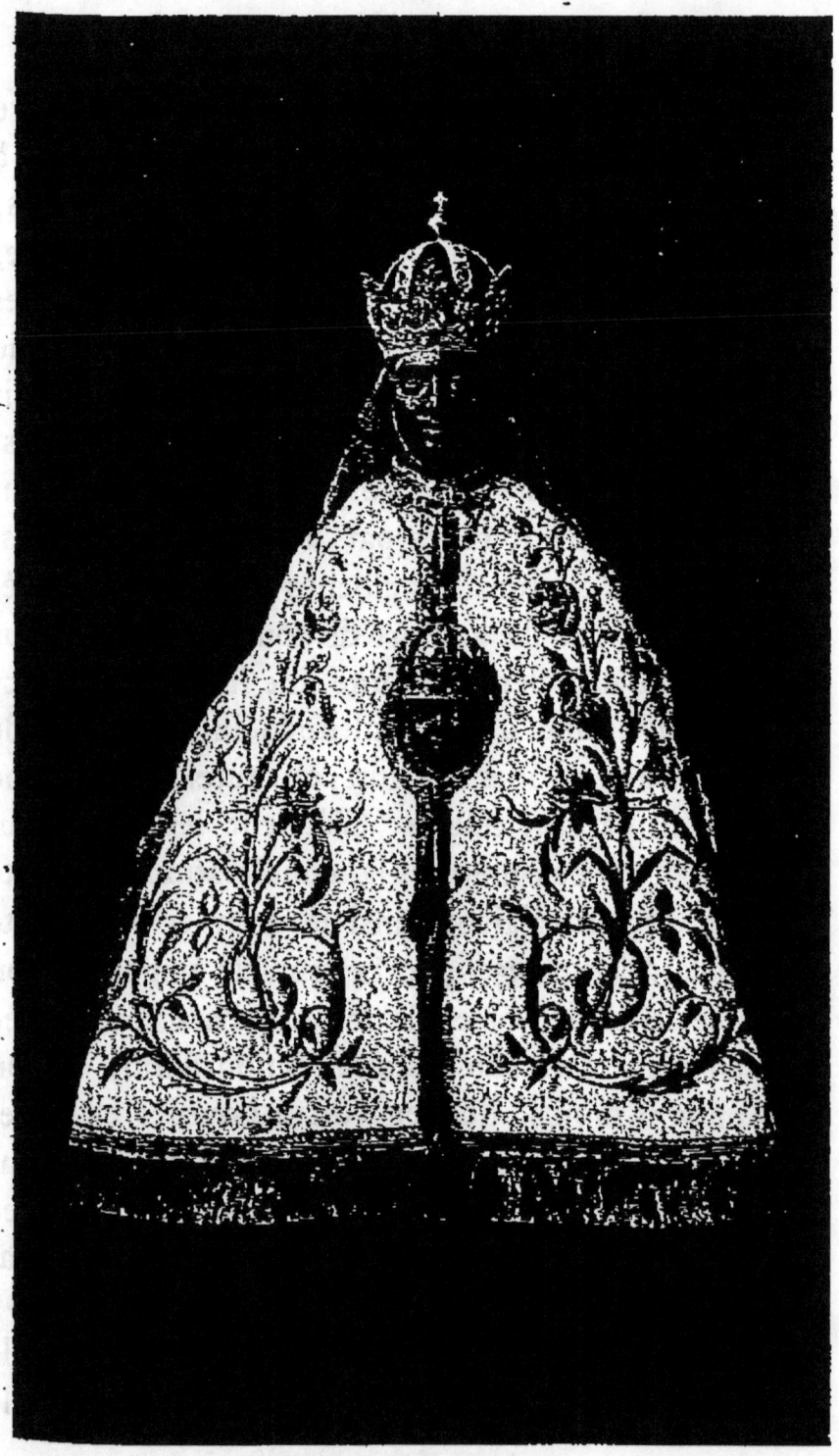

Notre-Dame du Puy

n'a point épuisé son pouvoir ; elle n'abandonne pas Le Puy d'Anis, Le Puy Sainte-Marie pour sa filiale Immaculée-Lourdes la miraculeuse. En vain, dans des jours néfastes, l'on a brûlé sa statue, la bénédiction est dans le lieu qui en investit les images. Celle que l'on invoque ici est toujours N.-D. du Puy, Notre-Dame de France : la Dame qui veille au salut de la France saura bien — c'est un doux espoir — sauver son royaume de choix. la douce patrie. Puisse-t elle hâter l'heure du salut! Puisse-t-elle inspirer de sa sagesse, soutenir de sa force invincible et la nation et les conseils de la nation ! C'est le vœu de tout cœur français, le vœu de tout cœur catholique. Ce qu'elle a fait avec Jeanne d'Arc, dont la mère est venue prier ici au Jubilé de 1429, elle peut le faire à nouveau : elle le fera si nous savons, si la France sait le lui demander. L'occasion est favorable entre toutes en ce Jubilé de 1910.

Par tout ce que j'ai dit, mes Frères, vous voyez suffisamment combien coûte une église chrétienne, vous en savez le prix. J'ajoute : si la valeur vous en est révélée par le prix qu'elle coûte, cette valeur est fortement rehaussée par les biens qui en découlent. Disons le très-haut : si Dieu veut être servi en ses temples et par la main des hommes, ce n'est pas qu'il ait besoin de leur culte. « Le Maître du « Ciel et de la Terre, le Dieu qui a fait les mondes,

« disait saint Paul devant l'Aéropage, n'a besoin
« de personne (1) : *nec indigens aliquo* : c'est lui qui
« donne à tous la vie, le souffle et le reste. » Mais
il veut un témoignage de notre soumission dans
lequel l'homme confesse sa dépendance ; un témoignage d'assujettissement qui tourne, d'ailleurs,
tout à l'avantage du sujet. Saint Thomas nous
déclare que ce n'est point précisément pour Dieu
que les temples sont élevés, mais bien plutôt pour
ceux qui l'adorent (2).

De fait, ils sont nécessaires à l'humanité. C'était
la pensée de Montesquieu : « Rien n'est, dit-il,
« plus consolant pour les hommes qu'un lieu où
« ils trouvent la divinité plus présente et où tous
« ensemble ils font parler leur faiblesse et leur
« misère (3). » Faire parler sa faiblesse et sa
misère devant Dieu, c'est la prière en acte ; le
faire tous ensemble par les moyens ordonnés de
Dieu même, surtout par le sacrifice, c'est le culte
public. Est-il rien de plus nécessaire à l'homme ?
Aussi Jésus (nul mieux que lui ne connaît nos
besoins), a t-il, dans toute sa précision, dénommé
l'Eglise : une maison de prière : *Domus mea domus*

---

(1) Act. XVII. 25.
(2) *Non propter Deum sed propter adorantes*, 2ª 2ªᵉ q. 84,
art. 3, ad. 2.
(3) *Esprit des lois*, livr. XXI, chap. 3 ;

orationis (1). C'est là que Dieu nous écoute dans le cœur de Jésus dont l'humanité se fait elle-même, à la fois adorante, priante et victime ; c'est là que l'on trouve, avec les saints mystères, les divins Sacrements qui nous imprègnent de leur vertu divine ; c'est là que le royaume des cieux nous est ouvert par le baptême et que sur nos têtes la foi entend ces paroles de la bouche du père céleste : « Celui-ci est mon fils bien-aimé (2) » ; c'est là que le chrétien revêt l'armure et se nourrit du pain des forts, après s'être initié à la doctrine du salut. C'est là qu'une âme pénitente, gémissant sous le poids de ses fautes, vient les laver dans ses larmes, réparer sa conscience en ruine et apaiser la voix, le cri du remords ; c'est là qu'une épouse fidèle vient pleurer sur un époux qui ne l'est plus et que ses pleurs tombant silencieusement sur les dalles du sanctuaire, dévoilent aux Anges et au Très-Haut les secrets désirs d'un cœur vivement blessé ; c'est là que les vœux les plus ardents, les demandes les plus suppliantes empruntent une efficacité plus certaine, soit à la consécration même du lieu saint soutenant mieux la dévotion de l'homme, ouvrant aussi plus facilement l'oreille du Seigneur, soit au concours des fidèles, car le divin Maître l'a dit :

---

(1) MATTH. XXI, 13.
(2) MATTH. XVII, 5 ;

« Là où plusieurs personnes seront assemblées en mon nom, je serai au milieu d'elles (1) » soit à l'excellence de la prière sacerdotale, s'alliant aux autres prières et suppléant à leur faiblesse, « en « sorte, dit saint Jean Chrysostome, qu'elle les « enlève pour ainsi dire jusqu'au ciel, jusqu'à Dieu. »

Et puis, est-il rien qui dispose mieux l'âme, l'établisse mieux dans la dévotion et la prière que les statues édifiantes, que les images saintes sur les murs, dans les vitraux, que les volutes odorantes de l'encens, que les belles cérémonies de l'Eglise dans leur grâce et leur ampleur, que les riches ornements des lévites et des prêtres, que le chant pieux des fidèles, que les symphonies variées de l'orgue, ce roi des instruments qui les réunit tous, les cordes exceptées ? Les cordes, il est vrai, sont ce qu'il y a de plus pénétrant, de plus expressif, de plus beau dans la musique, après la voix humaine dont la supériorité est hors de doute. Rien n'égale les voix fraîches, les voix pures de l'enfant de la Vierge, ces lys sonores. Quel charme, si l'on pouvait les ouïr tomber en s'égrenant de la coupole angélique, se diffuser sous les autres, et renvoyer à la terre comme un écho des Anges dans le *Gloria in excelsis* à Noël et autres fêtes ! Ici, le son est

---

(1) MATTH. XVIII, 20.

soutenu comme aux instruments à vent, en général, et à l'orgue, en particulier; ce qui convient mieux au chant calme, populaire, apaisant, spirituel de l'Eglise, lequel tirait des larmes de repentir des yeux d'Augustin : et Pie X nous donne aujourd'hui le chant grégorien restauré. Je n'oublie point toutefois que le Psalmiste (1) invitait tous les instruments à l'église, estimant lui aussi que le tout vaut mieux que la partie.

D'ailleurs, dites-moi, mes Frères, quand, au moment solennel de l'élévation, l'orgue, sous une main discrète, épand comme des flots sur la foule adorante, abîmée devant l'Eternel, une harmonie douce, grave, majestueuse, chaude, colorée, suave, sublime, inspirée divinement, divinement saisissante d'une maîtrise irrésistible, ne vous semble-t-il pas ouïr comme un écho lointain de la patrie éternelle où les élus là-haut chantent leur cantique d'éternelle extase : Saint, saint, saint est le Seigneur Dieu des armées ; les Cieux et la Terre sont emplis de ta gloire : *Hosannah* au plus haut des Cieux ! ! ! Alors ne vous sentez-vous pas religieusement, délicieusement, profondément émus ? Alors votre cœur ne se fond-il pas de lui-même dans l'adoration, dans la prière ? Ne sentez-vous pas comme un avant-goût du Paradis ?

---

(1) Psalm. CL.

Telle est la voix de l'orgue, « voix du dedans », comme l'appelait le Cardinal Giraud. Puisque nous en sommes aux grandes voix de l'Eglise, je nommerai aussi la cloche, cette « voix du dehors ». Quels sons d'une rondeur puissante ! Quels tons pieux, touchants, persuasifs, simples ou harmonisés, variés ou monotones ! Lorsqu'ils annoncent au loin, dans leurs vagues sonores expirant à l'horizon, les solennités joyeuses ou tristes de l'Eglise, et semblent redire incessamment : Venez, venez aux fêtes du Seigneur : venez, venez à ses solennités, la voix sacrée de la cloche peut bien exciter dans la bouche de l'impie des blasphèmes ou des malédictions, mais cette voix a percé son âme, elle y a réveillé le remords. Elle insinue, d'ailleurs, la consolation et l'espoir au cœur du pauvre, du juste, du souffrant, du malheureux. Et quand la cloche sonne l'*Angelus* trois fois le jour : le matin, à midi et le soir, coutume née ici-même ; quand ses ondulations emplissent l'étendue, donnant partout le signal de la prière, le voyageur, l'artisan, le laboureur fidèles relèvent leurs fronts baignés de sueur, ou l'inclinent modestement devant la Majesté divine comme dans l'*Angelus* de Millet. Ensemblent, ils saluent, en Marie, la mère de Dieu, leur mère et leur libératrice. Joyeuse ou funèbre, tour à tour, mais toujours consolante, douce et contenue, cette voix aimée nous accompagne du berceau à la tombe, riant avec nos rires, pleurant avec nos pleurs. Il n'est pas jusqu'aux accents vifs et précipités du tocsin qui ne se mêlent à nos dangers et ravivent nos énergies.

Que vous dirai-je encore ? Comme si c'était peu de ces ressources multipliées, c'est à l'église que l'on entend la parole de Dieu, parole éminemment véridique, la seule capable de fournir de grandes pensées et de grands sentiments, la seule qui amène au monde, avec la vraie lumière, une ère d'affranchissement, de vie et de paix (1).

C'est dans l'église, c'est à l'ombre du sanctuaire, aussi bien à l'époque actuelle qu'au temps des barbares que l'on a vu fleurir la science vraie : la science religieuse d'abord devant laquelle les autres sciences doivent s'incliner comme des servantes devant leur Reine, vu la sublimité de ses méthodes, de ses principes, de son objet, vu la fin supérieure où elle conduit, vu la maîtrise infaillible de Rome, en dépit des modernistes et autres ; la science profane ensuite : *labia sacerdotis custodient scientiam* (2). Il ne sont pas rares les élèves du sanctuaire qui ont payé honorablement leur tribut à la philosophie, aux lettres, aux sciences, à l'histoire, au droit, aux mathématiques même ; ils ne sont

---

(1) *Veritas liberabit vos.* JOAN. VIII, 32.
(2) MALACH, II. 7.

pas rares les Pontifes de la nouvelle loi qui pourraient inscrire sur leur poitrine, comme le Pontife de l'ancienne loi : Doctrine et Vérité [1]. Même de nos jours, malgré la conspiration qui voudrait tuer l'Eglise en la décapitant, dans l'obscurantisme, nous avons encore, grâce au ciel, un clergé savant, digne du clergé qui a fait la France, « comme les abeilles font la ruche ». Non, sur ce terrain aussi, l'Eglise ne craint personne. Si quelqu'un tremble sous le régime de l'enseignement libre, si précaire soit-il, ce n'est point elle assurément. Les faits parlent haut et clair : d'un côté les plus beaux succès [2], de l'autre les projets les plus liberticides.

A qui s'étonnerait de voir tant d'avantages éclore à l'ombre de l'autel, nous demanderions à notre tour : Est-ce donc en vain que le nom du Seigneur est invoqué en ce lieu ? Est-ce donc en vain que le sang de Jésus Christ, le Verbe incarné, la sagesse infinie, coule mystiquement sur l'autel ? Non, non, Jésus-Christ a voulu faire éclater la valeur d'une église catholique non seulement dans le prix qu'elle coûte, mais encore dans les biens qui en émanent,

---

[1] *Urim et tummim*.
[2] Cfr. Gustave LEBON : *Psychologie de l'éducation*, touchant les Frères des Ecoles chrétiennes. Et l'on sait le succès des Jésuites à la rue des Postes.

dans les avantages qu'il y a départis. Et les progrès tant vantés seront vains pour le bonheur des hommes s'ils n'aboutissent ici en définitive.

DEUXIÈME POINT

Mes Frères, la valeur d'une église proclame bien haut ce que nous lui devons. D'abord il est manifeste que laisser tomber en ruines des édifices sacrés, si chers à nos aïeux et à Dieu tout ensemble auxquels ils ont tant coûté, des édifices sacrés où l'âme chrétienne recueille tant d'avantages de tous genres, ce serait forfaire et dégénérer. Il faut donc avant tout les entretenir, d'autant plus qu'il en coûte moins d'ordinaire de conserver que de créer. Grâces immortelles en soient rendues à Dieu, nous constatons avec bonheur le parfait état de cette Cathédrale où des âges divers ont mis la main avec une généreuse émulation, depuis saint Scutaire dont nous possédons à peine quelques vestiges, jusqu'à nos jours où il nous est donné de voir d'incessantes réparations. Dévorés comme David du zèle de la maison de Dieu, fidèles observateurs des cérémonies de l'Eglise, jaloux de la propreté du saint lieu et de la magnificence du culte, les Pères communs de nos âmes qui nous gouvernent les uns après les autres (1) avec des dons différents, mais

---

(1) Mgr Le Breton et Mgr Petit.

avec une même tendresse, une même sollicitude, ont trouvé le secret d'ajouter encore à ce qui était fait avant eux. C'est ainsi, Monseigneur (1), que sous votre épiscopat, où les œuvres fleurissent, où la science, où l'étude espèrent être relevées, encouragées, récompensées selon les vœux les plus chers de l'Eglise et selon les besoins les plus impérieux du temps présent où la science orgueilleuse essaie, à coups de bélier, de jeter bas l'antique édifice (2), nous voyons se poursuivre et s'achever heureusement des restaurations architecturales commencées sous un autre (3).

Quant à vous, mes Frères, qui concourez par vos offrandes à l'ornementation de cette basilique, laissez-moi vous le dire de la part de Dieu, vos noms sont écrits dans le livre de Dieu, dans le cœur de Marie : ils y vivront éternellement pourvu que vous ne les effaciez vous-mêmes volontairement, en un jour de malheur.

Mais, qu'entends-je ? Quels cris sinistres, quelles vociférations tumultueuses ont frappé mon oreille ? Quel bruit pareil au mugissement des grandes eaux ? Ici, dans les limites d'un mandat reçu d'en

---

(1) Mgr. Petit, évêque du Puy, mort archevêque de Besançon.

(2) Touchant ces vœux et ces espérances, l'histoire impartiale écrit : autant en emporte le vent.

(3) Mgr Le Breton en mai 1885.

haut, je vous exhorte, suivant mon pouvoir et mon devoir, à entretenir, à embellir, à conserver cette église ; or, là-bas, les méchants s'écrient, dans leur rage impie : Plus de religion ! plus de Christ, nous ne voulons ni Dieu ni maître ! Ils ont dit dans leurs conciliabules : Faisons cesser toutes les fêtes de Dieu sur la terre : *quiescere faciamus omnes dies festos Dei à terrâ* (1). Portons la hache et la cognée, sur le sanctuaire : plus de dimanche ! arrière les prêtres ! à bas les églises ! renversons les autels sur les trônes ; affranchissons le vieux monde en affranchissant la nature ; notre divinité, c'est la raison incarnée dans le marbre vivant d'une chair publique (2), sur l'autel profané. Ainsi ils en reviennent à l'église, malgré qu'ils en aient ; ainsi ayant brisé contre l'obstacle la violence de leurs lames soulevées par la tempête, les passions essayent en un furieux ressac de balayer l'Eglise et Dieu. Le choc en retour ramène, à sa manière, au point central que l'on cherchait à fuir : c'est que la vie bornée de l'homme frange l'Infini. Or, ce qu'ils ont dit, ils l'ont fait. N'est-ce pas ce qu'on l'on a vu il y a un siècle ici-même et dans les églises de la France terrorisée ? N'est-ce pas ce qui menace de revenir

---

(1) Psalm. LXXIII. 8
(2) LACORDAIRE. Conférence de Paris vingt troisième conférence.

encore ? Si le mouvement qui a débuté par la « déclaration » moderne des droits de l'homme, issus de l'Evangile et trop souvent prostitués à Satan « le père du mensonge », ne s'achève dans la proclamation chrétienne des éternels « droits de Dieu (1) », nous ne répondons de rien : ces scènes sauvages, dignes de l'antechrist qu'elles appellent, reparaîtront, et la France agonisant sous le Prussien du dehors et sous le Prussien du dedans, écrira elle-même d'une main forcenée, son épitaphe : *Finis Galliæ* ! Ainsi finirait, vendu par ses enfants dénaturés, « le plus beau royaume du monde après celui du paradis (2). »

Absit ! qu'il n'en soit pas ainsi, ô douce France ! ô ma Mère ! Au lieu de préparer tes funérailles dans les funérailles du Christ-Jésus, au lieu de convier « les cathédrales à se mettre en route, à s'en « aller deux à deux comme les fleuves qui vont à « l'océan, pour disparaître avec un dernier bruit (3) », vomis de ton sein — et sans retard, — le poison qui le dévore. vomis ces antechrists qui te perdraient infailliblement dans un baiser hypocrite, dans un baiser de Judas, pour le malheur du genre humain. Ses ennemis l'ont reconnu, « la France

---

(1) J. de MAISTRE.
(2) GROTIUS.
(3) LACORDAIRE. Vingt-troisième conférence de Paris.

« est le sourire sympathique de la civilisation (1) ». Sans une France catholique, le genre humain ne serait plus qu'un visage sans yeux, un monde sans soleil, un informe chaos... *Absit !*

Et nous, mes Frères, devant la lutte ardente et sans merci, au fort de la mêlée resterons-nous impassibles et froids ? Pourrions-nous voir, sans être émus, cette mère — la religion — et cette autre mère — la patrie — râler sous le talon d'un assassin ? Avant qu'on ait abattu ce qui tient au fond de nos entrailles, ce que nous avons de plus cher au monde, ne nous laissons point abattre. Non, mille fois non, armons-nous plutôt d'un courage indomptable et divin : revêtus d'une force surhumaine, défendons-nous par tous les moyens permis. Crions, d'abord vers Dieu et vers Marie afin qu'ils nous envoient leur secours. Le premier moyen c'est la prière, c'est celui qui convient le mieux à un catholique : la prière du juste qui s'humilie perce, pénètre la nue et vole au trône de Dieu : elle est puissante sur son cœur.

Usons ensuite de toutes les facilités contenues dans la loi (2) ; n'oublions pas que les droits amè-

---

(1) Crispi le Gallophobe.
(2) Il est douloureux de penser qu'en négligeant, durant un siècle le revenu légal des pompes funèbres, vingt paroisses qui pouvaient toucher 7.000 francs par an chacune, et placer 5.000 francs à intérêts composés, ont perdu ensemble

nent d'ordinaire avec eux des devoirs, et que, dans l'accomplissement de ses devoirs d'état, de ses devoirs de citoyen, un catholique doit placer au-dessus de tout sa conscience, sa religion, son église. Dans l'exercice de sa souveraineté minuscule, chacun doit se rappeler — et s'il l'oubliait ce serait à la femme chrétienne de réveiller, de raviver son souvenir — que nos temples doivent toujours rester debout ouverts au culte, au seul culte catholique, apostolique, romain, et cela, notez le bien, avec la protection obligée de l'Etat (1). Alors seulement vous aurez l'espoir fondé de vous survivre dans des enfants catholiques, en qui revivra la foi de vos aïeux et la vôtre. En dehors de là, il n'y a plus que mensonge, hypocrisie, assassinat des consciences, honte, ruine et malédiction : tout ce que l'on peut attendre du diable et de ses suppôts.

Toutefois il ne suffit point de *défendre* et de *conserver* nos églises, il faut encore en *user* saintement Pensez-vous donc que Dieu ait tant fait pour elles, afin qu'il vous fût loisible de n'en user pas ? Non, cela est mal en tout temps : de tout temps les bons ont dit avec Racine :

<blockquote>
Oui, je viens dans son temple adorer l'Eternel,
Je viens suivant l'usage antique et solennel...
</blockquote>

274.520 000 francs à 5 0/0 ou 128 714.000 francs à 4 0/0 ! ! ! Un joli chiffre

(1) Léon XIII sur la *Liberté Humaine*.

Cela est mal aujourd'hui plus que jamais, aujourd'hui où les méchants triomphent. Ils ont dit hélas ! Plus de mariage chrétien ! et ils vous conduisent à la mairie transformée pour la circonstance en un temple nouveau. Là, après la cérémonie célébrée par le magistrat civil, ils ajoutent : il suffit, tout est fait, ne vous inquiétez plus de rien, le reste est de la superfétation. Mes Frères, obéissez aux lois civiles, aux justes lois : quelle que soit la forme du gouvernement, ce n'est pas nous qui vous dirons de les enfreindre. Mais si jamais elles sont en contradiction avec les lois de Dieu ou de l'Eglise, ce ne sont plus de justes lois. A l'exemple des apôtres, l'on s'écrie alors : Nous ne pouvons point : *Non possumus* (1). Tel est l'éternel refus de la conscience honnête. Nous ne pouvons pas nous taire : *non possumus non loqui*. Il faut que nos voix libératrices résonnent d'un bout du monde à l'autre, ou du moins dans la portion du troupeau qui nous est confiée, afin de l'éclairer de la lumière d'en haut éclipsant celle d'ici-bas, et de lui montrer le chemin et le port du salut. Tel est bien le cri que, hier encore, poussait l'immortelle vigie du Vatican, qu'elle se nomme Léon XIII ou Pie X : c'est tout un.

Obéissez donc *ainsi* aux lois civiles, après avoir

---

(1) Act. IV. 20.

obéi à Dieu. Mais ne croyez *point* par la seule obéissance aux premières, avoir satisfait à la conscience, avoir accompli tous vos devoirs. Maintes fois le Souverain Pontife l'a déclaré : en dehors des formes prescrites par l'Eglise, nul mariage entre chrétiens. Si donc vous ne voulez point vivre, suivant le mot des théologiens, dans un honteux dans un damnable concubinage, chrétiens qui vous mariez, mariez vous à l'Eglise. En élevant le mariage chrétien à la dignité d'un sacrement, Jésus l'a séparé des choses profanes et soustrait à tout pouvoir humain, quel qu'il soit : ce dernier ne peut régler autre chose que les biens des mariés et leur état civil (lorsqu'il s'agit des chrétiens). Aller plus loin serait, de sa part, une usurpation sacrilège et absolument invalide.

Là, sous les regards de Dieu et du prêtre, dans l'église, votre union sacramentelle sera bénie d'en haut; et, sur vous, avec effusion, coulera la grâce de bien porter, toute la vie, le joug que vous vous imposez vous-mêmes volontairement.

Ils ont dit : Plus de funérailles chrétiennes ! et ils vont s'enfouissant les uns les autres comme on enfouit la brute stupide, l'animal sans raison. Cherchant à supplanter le culte des morts, à effacer la religion des tombeaux qu'ils estiment le dernier rempart de l'Eglise, ils voudraient anéantir la croyance à l'immortalité de l'âme — source de bravoure et d'intrépidité pour nos aïeux les Gaulois, suivant Jules César, — ils voudraient disperser, jeter au vent la cendre des morts, d'un père, d'une mère, que leur importe? en signe d'une annihilation absolue de tout l'homme, de tout son être. Ils ne voient pas, les insensés ! ou ils ne veulent pas voir, que si, par impossible, ils réussissaient, les mêmes jours auraient accompli leurs vœux et fini le genre humain. N'ayant plus de frein, que pourraient bien faire les hommes, sinon s'entre dévorer dans la lutte darwinienne pour l'existence, comme les hôtes de la mer, comme les bêtes des forêts que maintient seul un miracle permanent de la Providence, indu à la raison révoltée, — sans se laisser même le mutuel souci d'une inhumation quelconque? Chacun devenant le tombeau d'un autre, l'Ange des vengeances n'aurait même plus à convier les oiseaux du ciel à leur festin apocalyptique pour s'engraisser des cadavres maudits : cadavres de particuliers, cadavres de Césars, cadavres de villes, cadavres des nations, partout des cadavres infects et sans nombre et sans nom, comme les aperçut saint Jean à Patmos (1).

De chaque chrétien la sainte Eglise a enregistré le baptême et la première communion ; qu'elle

---

(1) *Apoc.* XIX, 17-21.

enregistre aussi ses funérailles. Ah! vivez heureux, vivez longtemps ; mais puisqu'il nous faut enfin mourir, il faut aussi, s'il se peut, que l'Eglise enregistre nos funérailles. Les prières versées sur un cercueil, le sang de l'adorable victime coulant pour vous sur l'autel en ce jour de deuil et de larmes, pèseront plus, en votre faveur, devant le Juge redoutable et suprême, devant la divine Majesté, que les parodies imbéciles des soi-disant libres-penseurs, lesquels, tout bien considéré, ne sont ni penseurs ni libres, vu qu'ils ont répudié, avec la vérité évangélique, la seule charte d'affranchissement efficace pour l'humanité.

Ici, j'aurais à vous dépeindre le respect dû à nos églises et à vous faire voir que si nous devons venir avec confiance devant un Dieu qui est notre Père, nous devons nous tenir avec un saint tremblement devant un Père qui est notre Dieu. Comme le temps nous presse, j'abandonne ce point à vos réflexions.

On lisait, sur le temple de Delphes, ces mots dignes d'un dieu : *Nosce teipsum* : connais toi toi-même. Les plus avisés, les mieux avisés, parmi les voyageurs, ne manquaient pas d'en faire leur profit : ils utilisaient une sentence les avertissant de ne point quitter le temple sans mieux se connaître, sans devenirs meilleurs. Que la leçon nous serve : n'évacuons jamais nos temples en général, cette église... *angélique*, en particulier, sans mieux approfondir nos défauts, nos besoins, le néant de la vie présente, les grandeurs de nos destinées futures, et sans être fermement résolus de mener ici-bas une vie angélique.

Tel est l'idéal qu'il faut s'efforcer d'atteindre notamment dans l'année Jubilaire de Notre-Dame du Puy.

A l'église angélique il faudrait un troupeau angélique, des pèlerins, des visiteurs angéliques. Prions, dans l'espoir que la Reine des Anges nous exaucera. Si nous faisons effort pour imiter la vertu des Anges, le Ciel pourra nous donner un insecticide, un sérum capable de tuer le microbe virulent dont se meurt la France ; il pourra, à nouveau, envoyer une Jeanne d'Arc afin de « bouter » hors le pays l'étranger dominateur : Allemand, Anglais ou Juif ; car ce n'est nullement un secret que le Français de France n'est point maître chez lui : il est traité en paria par des gens qui lui étouffent le bon sens, afin, disent-ils, de lui apprendre à raisonner — autant vaut lui couper la tête pour le grandir.

Il n'y a qu'à jeter les yeux sur les statistiques officielles pour admirer les fruits de cette civilisation nouvelle ou plutôt renouvelée des païens...

Mes Frères, ayant bien vécu dans l'Eglise, ayant saintement usé de nos temples, nous aurons finalement en eux « la porte du Ciel ». *Domus Dei porta cœli* (1) ; par eux, nous aurons entrée au paradis, où il n'y aura plus de temple parce que Dieu même y est le temple ; où il n'y aura plus de lumières parce que Dieu même y est la lumière. C'est la grâce et c'est la gloire que je vous souhaite à tous, du fond du cœur...

Prêché à Notre Dame, pour le fond, le 14 juillet 1888.
(avec variantes).

AGES DIVERS A NOTRE-DAME DU PUY

OU L'ON ACCÈDE JUSQU'AU PIED DE L'AUTEL PAR UN ESCALIER MONUMENTAL DE CENT TRENTE-CINQ MARCHES (2).

A qui veut déterminer l'âge d'une œuvre d'art, il ne suffit pas toujours d'en appeler aux preuves dites intrinsèques — *intrinsèques au style* — en dehors d'une certaine ambiance historique où l'œuvre est pour ainsi dire baignée. Mieux valent les preuves *intrinsèques à l'œuvre* que nous utilisons ici. Les caractères distinctifs du style pour fixer

---

(1) *Gen* XXXIV, 20.
(2) Sans compter les marches de l'autel.

une époque sont souvent fort élastiques; ils sont parfois bien trompeurs. Du fond du souvenir, chacun peut évoquer mille déconvenues où ont glissé les plus fins. D'ailleurs, l'imitation en ce genre est de tous les âges.

M. Lefèvre Pontalis l'a dit excellemment : « Il ne faut pas toujours se fier aux arcs ». Non certes! et rien ne vaut une date authentique écrite dans une charte ou sur la pierre. Sur la pierre, l'âge peut se lire ou en chiffres ou en traits équivalents. L'équivalence a lieu lorsque, par exemple, les chapiteaux reflètent, comme un miroir ou une photographie, un événement contemporain dont la date est bien certaine.

C'est justement le cas pour les deux travées occidentales de Notre-Dame du Puy. Nul avant nous, que nous sachions du moins, n'avait réussi à en déchiffrer les chapiteaux historiés d'une valeur hors de pair en la circonstance L'on ne peut dénier toute valeur chronologique aux chapiteaux. Il est bien évident, en effet, que la grande élévation de l'hostie et du calice ne remontant pas plus haut que le milieu du XIe siècle, comme l'établissent les liturgistes, une limite supérieure s'impose à nos chapiteaux. Aussi ne pouvons-nous accepter comme Pascal, le dire de Lance, attribuant cette merveille « à Pison, architecte de la fin du Xe siècle », à moins que les chapiteaux ne soient restés épannelés jusqu'au xi⁰ siècle, et cela exclusivement pour les deux dernières travées : les autres sont plus anciennes. Cela est aussi certain que les faits les plus certains de l'histoire. Nous avons ainsi une preuve intrinsèque à l'œuvre d'où elle jaillit avec une clarté aveuglante. Il en va autrement pour cet ensemble de lignes qu'on est convenu d'appeler le style.

Notez bien que nos chapiteaux sont au nombre d'une quinzaine aux dernières travées, et de dix-neuf au moins, en y joignant ceux qui ont dû être refaits à la même époque, vers la table de la communion ; et rappelez-vous que l'église, dont la fête patronale est l'Annonciation, est dédiée à Notre-Dame et non au T. S. Sacrement de l'autel.

Là, agitant l'école, mettant en scène de nombreux Docteurs : Docteurs par le Livre (vers le collatéral Sud), Docteurs par le Verbe parlé (vers le collatéral Nord), l'effervescence Bérengarienne bat son plein. Il en sort occasionnellement l'affirmation réitérée et multiforme du dogme combattu : présence réelle, transsubstantiation, vrai sacrifice dans l'Eucharistie. Voilà ce qu'on peut lire soit sur un même chapiteau, soit sur des chapiteaux distincts : il y a là comme des répliques témoignant d'une insistance qu'explique seule *l'actualité*, j'allais dire la *nouveauté* non certes d'un dogme immuable, mais d'une définition toujours

5

en marche progressive, *in eodem sensu*. Avouons-le : cette agitation *présente* cet effort *présent* de la défense, suppose l'effort *présent* de l'attaque au moment où la cause n'est pas encore tranchée, ou bien au moment où la définition ne paraît pas assez explicite ou n'est pas suffisamment connue. Elle valait, en effet, pour les catholiques d'alors, comme pour les catholiques d'aujourd'hui, la maxime célèbre : *Roma locuta est, causa finita est.*

Le jugement est rendu, que va-t-il arriver ? Contemplez les chapiteaux des deux colonnes cantonnées dans les angles du pilier, de chaque côté de l'agneau divin. Sous la forme de têtes coupées qu'exhibent des croyants, vous voyez l'hérésie plusieurs fois décapitée. Ainsi l'hydre de Lerne voyait tomber, l'une après l'autre, ses têtes renaissantes ; enfin elles ne purent renaître quand Hercule les eut abattues toutes à la fois.

A l'époque où ont pu s'élever nos deux travées, quelle négation eucharistique a remué aussi profondément le monde catholique, si ce n'est celle de Bérenger de Tours († 1088) ? Son hérésie parut vers 1030 et il la prêcha dès 1041, dans l'église Saint Laurent du Tertre, à Angers ; c'est en 1047 qu'il chercha à la répandre. En 1050, il fut condamné à Rome et à Verceil ; il le fut encore en 1051, en 1059, en 1078 et en 1079. Il abjura finalement au Concile de Bordeaux, en 1080.

Si l'on veut, au sujet de l'Eucharistie, revoir un trouble aussi profond dans l'Eglise, il faut descendre jusqu'au xvie siècle, jusqu'au protestantisme. Les figures traitées, tout s'oppose à ce rajeunissement, et nul n'y a songé.

Les rapports de l'Eglise du Puy et de l'Eglise de Rome étaient alors on ne peut plus intimes. Depuis Gerbert d'Aurillac, Sylvestre II, les Papes consacraient nos Evêques; Léon IX, Français également, décora du pallium Etienne II de Mercœur en 1051, c'est lui qui condamna Bérenger ; et le siége du Puy, soustrait à toute juridiction métropolitaine, fut soumis immédiatement au Saint-Siège : *Sedes Aniciensis erat Domini Papæ* ; enfin l'on sait que le Pape, français toujours, Urbain II songea à Notre-Dame du Puy pour y prêcher la première croisade ! Le peu de commodités de la ville et des environs pour un concours immense l'en dissuadèrent. Pour le dire en passant, l'on ne voit pas bien comment ce dernier Pape, bien au courant de la Cathédrale anicienne, eût pu songer à cette prédication, en ce lieu, si l'édifice eût été réduit aux proportions rêvées par M. Thiollier. Comment y faire siéger treize archevêques, deux cent vingt-cinq évêques, une multitude infinie d'abbés, de princes, de chevaliers, de personnages du plus haut rang ? (Actes du Concile de Clermont, le 18 novembre 1095); — avec l'édifice actuel de N.-D. du Puy, nulle difficulté de ce chef.

C'est dire assez que nos Evêques dévoués, que l'Université des clercs alors florissante au Puy (XI⁰ siècle), avaient leur cœur à Rome, étaient en relations suivies avec Rome. Des premiers instruits, des décrets pontificaux, ils s'empressaient de les accueillir, de les proclamer, d'en éterniser la mémoire. Ils devaient être aussi des premiers à défendre la Foi des aïeux contre les novateurs, et à en dénoncer les périls, fléaux des deux sociétés, au Maître souverain de la chrétienté, au Juge infaillible de la Foi.

De plus, l'Université de Saint-Mayol, quelque nom qu'elle ait eu à cette époque, a dû représenter, comme un Mystère, devant le peuple fidèle, avide des scènes de théâtre, la Dispute bérengarienne avec ses circonstances, ses aboutissants et son issue : la dispute de l'école, la condamnation de l'hérésie et l'élévation du calice adorable, alors qu'il y avait tout l'attrait de la nouveauté. C'est là ce qu'a reproduit l'artiste, après l'avoir vu, comme il en était coutumier. Dans le miracle de saint Jacques, écrit M. Emile Mâle (1), « il est évident « que les confrères eux-mêmes proposèrent à « l'artiste leur pièce comme modèle. Il est non

---

(1) *Revue des Deux-Mondes*, 1ᵉʳ février 1908, p. 678-679.

« moins évident que les dessinateurs de ces
« vitraux commémorent les jeux dramatiques,
« organisés par les confrères... Les confréries ne
« se contentaient pas de faire faire des vitraux ou
« des *statues*, elles en proposaient en même temps
« les modèles aux artistes ». Mais s'il en fut ainsi
aux XVe et XVIe siècles, *à fortiori*, sans doute, en
fut-il ainsi auparavant, alors que les artistes étaient
ou moins forts ou moins libres.

L'ensemble de ces réflexions explique à merveille, l'importance sculpturale accordée à l'Eucharistie, le long de deux travées — les deux dernières — à Notre-Dame du Puy, devenue bientôt, si elle ne l'est déjà à ce moment, *Notre-Dame de France*, quand sous l'Evêque de la Madone pour légat, avec Raymond d'Agiles ou d'Aiguilhe pour historien, l'épée française commença d'écrire : *Gesta Dei per Francos*. Il y fallait le pain des forts et notre *Salve Regina* composé par Adhémar de Monteil.

L'on s'est demandé pourquoi les arcs doubleaux, séparant la nef des bas-côtés, reviennent au plein cintre, après s'être allongés en arcs brisés aux deux travées précédentes. Un poème de pierre, auquel s'appliquerait mieux qu'au chef-d'œuvre de Raphaël la dénomination suivante : *Dispute du Saint-Sacrement*, et qu'on pourrait également appeler la *Défaite de Bérenger*, allait se dérouler autour des derniers piliers. Il fallait donc que les chapiteaux et par suite les tailloirs revinssent tous au même niveau comme à la croisée de la chambre angélique. L'on ne pouvait élever le niveau du collatéral et du triforium. Il ne restait ainsi, pour placer le poëme à belle hauteur et ne pas trop rabaisser la retombée des grandes arcades en ogive de la nef, qu'à rehausser jusque par là tous les tailloirs intéressés : de cette façon, de la table eucharistique à la façade du couchant, les chapiteaux de la grande nef s'alignaient sensiblement au même niveau. La flèche des doubleaux se trouvait diminuée et ramenait le plein cintre. Preuve nouvelle et manifeste de l'immense importance que l'on attache à la page doctrinale à traiter. Il fallait chanter la foi du temps et du pays : à cette fin, l'on ne craint pas de revenir sur un progrès matériel évident que l'on conserve dans la nef principale, que l'on accuse fermement aux bas-côtés.

Nécessité d'industrie est la mère. (GRESSET.)

A mesure que l'édifice, hardi, s'avançait sur la déclivité du terrain — comme sur un abîme ; — que les piliers, s'éloignant du roc, augmentaient de longueur et de poids, l'artiste a dû viser, dans les parties supérieures, à une indispensable légèreté qui, du reste, flattait l'œil davantage. De là, des murs amincis, moins épais, au-dessus du pavé ;

des ogives de plus en plus effilées, diminuant le poids des matériaux et la poussée horizontale — sauf l'exception signalée; de là, des colonnettes sveltes et gracieuses sous les coupoles à arc de cloître, elles-mêmes bâties en béton ou blocage et non en pierres pesantes [1]; de là, des fenêtres plus hautes et plus ouvertes; de là des colonnes cantonnées, aux travées dernières, aux angles de piliers moins lourds, etc. [2].

Maintenant, tâchons de pénétrer la haute signification du poème. Voici d'abord la pomme fatale qu'Adam a reçue de la main d'Eve ; c'est le poison auquel s'oppose l'antidote : « l'Eucharistie ». Un petit chapiteau, sur colonne cantonnée à la Normande, nous fournit cette façon d'exorde jaillie des premiers feuillets de la Bible.

La fermentation de l'école s'accuse dans le geste et les contorsions des étudiants accroupis comme ils l'étaient alors, ayant appendus derrière eux leurs parchemins recroquevillés. Calmes, sûrs de leur fait, assis sur leur chaire, les docteurs par le Verbe parlé, les professeurs indiquent sur le Livre,

[1] C'était donc différent des voûtes refaites depuis peu. L'œil aime à voir ces menues pierres jointoyées ; mais quelle surcharge !

[2] Dans les piliers refaits, la pierre blanche — grès de Blavozy — est plus dure, mais elle ne s'harmonise guère avec la sombre brèche de Corneille.

du bout de leur stylet, le texte probant, la réponse victorieuse, irréfutable, à toutes les objections.

En face, deux Anges font adorer l'Agneau divin, couché sur la croix dans un cercle vide de tout ce qui n'est pas Lui, et gardant sur les bords juste assez de matière pour représenter un mystère autrement irreprésentable. L'on figure ainsi les accidents, les espèces ou apparences, et tout ensemble la présence réelle, la transsubstantiation, le sacrifice de l'autel. De chaque côté, sur le rebord à angle droit du chapiteau, deux prêtres en habits sacerdotaux de l'époque, nimbés (à cause de leur pouvoir surnaturel), pieds nus, la mappula à la main, élèvent le calice en fléchissant le genou, adorant et faisant adorer. Sur les colonnes voisines, sont les têtes coupées, symbole du triomphe eucharistique, dû au glaive de la parole doctorale, surtout de la parole infaillible du Pape. Sans compter leur *socii*, ou compagnons, les Docteurs par le Livre (ils l'ont en main), sont au nombre de six : trois à ce pilier et trois au pilier précédent.

Derrière l'Agneau divin, à l'aspect du midi, un chien se mord la queue, figurant le dommage causé par une mauvaise communion : *Judicium sibi manducat*. Nombre d'aigles sont au-dessus, et l'on en voit une troupe sur une colonne voisine, avec réplique sur une colonne vers la façade près de l'autre collatéral : *ubi fuerit corpus illic congregabuntur et aquilæ*.

Contournant toujours le pilier, l'on voit un centaure agenouillé par force : c'est la bête humaine domptée par l'Eucharistie.

Enfin une tritonesse ou sirène, à une seule queue de poisson, ne peut ainsi que celle à deux queues du porche Sud-Est et d'ailleurs, figurer la luxure. Dans ce porche, hors de l'église, s'affirme le règne de Satan et des sept péchés capitaux : le ciel en est tordu.

Tels sont, en négligeant quelques détails, les points saillants de cette *page monumentale, absolulument décisive* à nos yeux. C'est dans le XIe siècle (non loin du milieu) que Notre-Dame du Puy a été achevée. Rien d'étonnant (1) : l'Ecole auvergnate, dont l'influence est manifeste, était au XIe siècle fort avancée dans la voie des arts. Aussi Mallay admettait-il que le XIe siècle pouvait réclamer les deux dernières travées et la façade.

Plusieurs choses appuient notre thèse et situent chronologiquement nos chapiteaux et nos deux travées.

Mabillon (2) enseigne que la grande élévation de l'hostie et du calice, de suite après la consécration, a commencé *en Gaule* vers le milieu du XIe siècle : donc *au Puy* sans doute pour les raisons hiérarchi-

---

(1) Viollet le Duc. *Diction raisonnée*.
(2) Comment *ad Ordinem Romanum*, n° 7.

ques ci-dessus et en particulier à cause des sculptures analysées. Sur la façade orientale de Saint-Michel que Mérimée, date du milieu du XI⁰ siècle (comme la nef) (1), l'on voit et l'Agneau divin et la dite élévation du calice par *huit prêtres*.

Cette répétition à elle seule dénote le besoin *présent* d'affirmation devant une provocation *présente* : elle est une date. Au secours du dogme menacé l'on appelle Saint-Michel et l'on semble dire : peuples, qui est comme le Dieu terrible et doux de l'Eucharistie ? Mais si le mystère a été représenté, vers le milieu du XI⁰ siècle, à saint-Michel qui était sous la dépendance de Notre-Dame, à plus forte raison, a-t-il dû l'être à la même époque dans Notre-du Puy où, en toute hypothèse l'on construisait alors et l'on historiait des chapiteaux.

N'y a-t-il pas dans ces faits un *summum* de probabilité atteignant la certitude morale de l'histoire ?

Si nous songeons maintenant que, en 992, à l'approche de *l'an mille*, au milieu de calamités presque sans exemple et sans nombre, il y eut à Notre-Dame du Puy une affluence énorme de pèlerins (ce qui engagea le Pape à y établir un Jubilé solennel ou Grand Pardon (2)), si ces pèlerins ne demandaient qu'à donner ; l'on conçoit quelle

---

(1) L'on sait par une charte que l'édifice actuel a été commencé au X⁰ siècle.

(2) DARRAS, t. XX, p. 357, ou mieux à le confirmer.

collecte Notre-Dame du Puy et Saint-Michel ont dû faire afin de libérer les donateurs des fléaux, les uns ressentis, les autres redoutés. Les meilleurs et les plus instruits du clergé ont ouvertement protesté contre les folles terreurs d'une fin prochaine du monde : il n'y eut point d'extorsion de sa part comme on l'en accuse faussement. Quelques faux prophètes, plus ou moins hallucinés mais désapprouvés par l'Eglise n'ont pu compromettre personne, eux exceptés. Et puis restituer à tous, dans la personne de l'Eglise, des biens volés à des propriétaires disparus ou inconnus, n'est-ce point un acte éminemment moral ? Quant aux légitimes propriétaires, ils jouissaient, dans leur donation, d'une liberté entière, sans coaction d'aucun genre, si ce n'est peut-être celle du matelot qui voue une partie de sa fortune au fort de la tempête, n'osant croire aux paroles rassurantes du pilote : mais ce qui est promis est dû.

De telles ressources ont permis d'achever ces deux édifices (de Notre-Dame et de Saint-Michel), avec à peu près toutes leurs dépendances immédiates dont la date se trouve, pensons-nous, reculée d'autant dans le lointain des âges.

Les terreurs en question sont échelonnées, dans l'histoire, de 992 à 1033 de notre ère ; et l'on sait par Raoul Glaber qu'une fièvre de construction et de reconstruction s'empara des fidèles vers l'an

Le Monument vu du côté Nord

1030, ce qui dut amplifier les ressources. 1030, c'est la date que semblent s'assigner elles-mêmes les fondations des deux dernières travées. Comme il y a des reprises évidentes, des changements bien constatés dans l'édifice, appliquons, sur la date d'achèvement, comme base, l'échelle de Mérimée ; nous avons, en comptant avec lui par travées doubles, XIe, X^e, IXe, VIIIe siècle, etc.

Le haut des transsepts à *mur renfoncé* comme celui des deux premières travées, IXe siècle. Donc, le bas du clocher antérieur au IXe siècle, puisque sur les quatre guetteurs placés là-haut pour surveiller tous les points de l'horizon, il y en a deux surtout dont la vue est empêchée par l'élévation des transsepts. Il subsiste encore cinq corbeaux, indices de la toiture qui les abritait : deux lions, un bœuf, un veau, une brebis. Les costumes n'ont pas un air bien caractéristique dans les quatre statues grossières ; et les cinq animaux restants ne semblent pas orientés pour indiquer les signes du zodiaque. Au cas où la fantaisie d'un archéologue voudrait voir respectivement dans ces bons hommes : Sérapis (souvenir de Joseph), Mercure, Mars, Vulcain ou quelque chose d'approchant, il ne réussirait qu'à vieillir la lourde masse qui les porte dont l'ancienneté remonterait vers le IIIe siècle, époque où le paganisme aurait fui d'Anicium devant la foi chrétienne.

Viollet le Duc reporte au xie siècle la moitié supérieure du clocher : les raisons qui l'ont guidé sont appuyées par ce que nous avons dit.

Quant au clocher angélique, dominant la chambre de ce nom, Viollet le Duc le date du xiie siècle et Mallay du xe. Ce dernier architecte le raccorde avec « la partie supérieure des branches de « croix... qui communiquent avec lui par deux « passages pris, dit-il, dans l'épaisseur des murs « sous voûte ». Ayant daté du xe siècle le haut du transsept, il affecte le même âge au dit clocher. Une raison identique m'amène à le reculer jusqu'au ixe (avant sa reconstruction par Mallay). Effectivement, si les coupoles de Périgueux sont du xe siècle (1), les premières du Puy, plus frustes, doivent être du ixe au plus tard. Nul besoin de passer par là ou par Venise pour en avoir l'idée. Les coupoles de Ravenne, de Constantinople (vi[e] siècle), sans parler du saint sépulcre et du Panthéon d'Agrippa, étaient bien connues. L'on voit même dans une chapelle, sous le clocher du Puy, une ébauche grossière de coupole (demi-coupole) sur trompe, laquelle se raccorde mal avec le reste du clocher et fait penser à la coupole de Saint-Ferréol, dans l'île Saint-Honorat, qui serait du viie au viiie siècle, suivant Mérimée et Viollet

---

(1) VIOLLET LE DUC.

Le Cloître

le-Duc. « Depuis la renaissance des arts, sous Charlemagne, écrit ce dernier, on ne croyait pouvoir mieux faire que de se rapprocher des « types « byzantins ou tout au moins de s'en inspirer... « Sainte Sophie ». L'on a même pu commencer plus tôt, sans compter que la même inspiration a pu venir à des artistes différents, inconnus l'un à l'autre, car enfin la première inspiration est bien venue à quelqu'un en dehors des écoles.

Le cloître du Puy est, suivant Viollet, du Xe et du XIIe siècle. « Dès les premiers temps du christia-« nisme, écrit-il ailleurs... les Cathédrales avaient « toutes un cloître accolé à l'un des flancs de la « nef... Souvent des écoles étaient élevées dans le « voisinage des cloîtres... Dès le IXe siècle, les « synodes s'étaient occupés de la clôture des Cha-« pitres et des Cathédrales. »

A ce compte, il a dû y avoir au Puy, alors Anicium, un cloître dès le IIIe ou IVe siècle, date la plus probable de la première Cathédrale, au même lieu ; et il se pourrait que certains vestiges en subsistent encore dans le cloître agrandi. Ainsi il est tel chapiteau que M. Noël Thiollier compare à ceux de Jouarre dont on sait l'ancienneté. L'on peut en rapprocher d'autres encore, comme celui figurant la parabole du semeur : *Semen est Verbum Dei*, et celui représentant la communion fervente où des oiseaux (colombes, etc.) substitués à la volute corinthienne ramènent l'esprit à la basilique de Parenzo et pourraient remonter au ve siècle. Certaines bases, aux tores bagués par intervalles, sont bien différentes des autres.

Maintenant si le cloître est de même âge que la partie à laquelle il est adossé, c'est le ixe siècle qu'il faut assigner à la galerie méridionale et à une partie des deux galeries contiguës qui amorcent le rectangle ou carré. Le xie siècle a dû en voir la fin ; et peut-être le xiie a-t-il reconstruit ou retouché la galerie occidentale aux dessins plus purs. C'est ainsi que peut s'entendre une charte connue, nommant le xiie siècle.

Mérimée nous fournit une confirmation de ces dires :

« Il y a, écrit-il, quelques chapiteaux entourés
« de feuille d'acanthe et de volutes un peu capri-
« cieuses qu'on serait presque tenté de prendre
« pour antiques, et je connais tel monument romain
« qui en montrerait assurément de plus bizarres
« et surtout de moins bien exécutés... la seconde
« (la dernière) partie fut exécutée alors que l'on
« compléta Notre-Dame en y soudant ses deux
« dernières travées occidentales ». Selon nos calculs, ce serait donc du xie siècle.

Tout contre est la salle des Etats (du Velay...) ou chapelle des saintes Reliques. La voûte est un berceau brisé, avec doubleaux, sans nervures. Les doubleaux et les arcades de la travée adjacente semblent lui assigner un âge commun, le xe siècle.

Gagnons les porches nord et sud : nous passons devant les absidioles et le bas des transsepts où sont des chapiteaux très-archaïques. Cherchez l'âge entre le vIII^e et le ve ou Iv^e siècle ; avant le IXe, suivant un plan de Mallay (Cf. AYMARD, *Les premiers Evêques du Puy.*

Et les porches ? Le porche nord, que nous ne voyons point daté sérieusement (du XIe au XIIIe dit Mandet), les IXe et Xe siècles peuvent se le disputer. Il est antérieur à l'autre, au porche sud que l'on adjuge au XIIe et qui nous semble bien du XIe pour les raisons suivantes : Viollet le Duc, Mérimée M. Noël Thiollier le font contemporain des dernières travées. A ce titre, il est donc du XIe. Avec les chapiteaux des trois dernières travées, Mérimée le classe dans le style byzantin fleuri : c'est donc du même âge, c'est-à-dire du XIe siècle. Et, en effet, le classement de ces auteurs proclame qu'ils n'y voient aucune discordance de style capable de leur attribuer des âges différents. Enfin l'astragale joint au fût ou au pilier et non, comme plus tard, aux chapiteaux est un signe d'ancienneté.

Mais, suivant M. Lefèvre-Pontalis, les nervures, d'ailleurs artistement sculptées, de ce porche ouvrent l'ère du gothique ou mieux du style ogival ; pourquoi dès lors imputer à des restaurations plus tardives les nervures plus simples et leurs ogives résultantes aux travées terminales des deux collatéraux ?

Inutile de dire qu'ici, comme dans tout l'édifice, nous envisageons surtout l'ensemble. La forme nous intéresse bien plus que la matière, l'œuvre maîtresse et l'idée directrice bien plus que le détail, si ce n'est quand celui-ci prend une valeur, une importance exceptionnelle.

Le porche sud est très beau. Il nous apparaît comme un narthex pour les pénitents et les catéchumènes. Vers la grande porte conduisant de la cité de Satan à la cité de Dieu, à la retombée de l'arc, voyez d'abord, sur un chapiteau à gauche, les premiers pécheurs et les premiers pénitents : Adam et Eve, émergeant du feuillage ; puis à droite et à gauche un homme (1) et une femme. A genoux sur les tailloirs, taillés eux-mêmes en sommiers, ils implorent leur admission dans l'église où chante le septuor du bien — sept sacrements, sept dons du Saint-Esprit, sept vertus principales, etc. — tandis que, dans l'empire de Satan, lion couronné et lampassé à la clef de voûte, hurle le septuor du mal, à savoir les sept péchés capitaux.

---

(1) Le 16 mai 1908, un vandale a abattu la tête du pénitent.

Voyez vers le collatéral ces gueules sans bras qui dévorent gloutonnement un morceau bien apprêté, c'est la gourmandise. A la suite, surgit un homme tout effaré, au milieu d'animaux fantastiques dont les bonds sans mesure figurent les bouillonnements de la colère. En face, deux aigles affrontés, se mesurent du regard, semblent se défier, prêts à fondre l'un sur l'autre et à se disputer la domination : vous avez reconnu l'ambition et l'orgueil. Dans un angle rentrant, se cachent l'envie : un chien qui grince des dents, et l'avarice : des bourses aux cordons soigneusement serrés. La tritonesse (vulgairement sirène) (1) avec sa double queue écartée et relevée, étale, à plusieurs reprises, le symbole de l'impudicité, c'est la luxure. Enfin (suivons toujours), sur l'étrésillon du milieu, dans l'intervalle ajouré des arcs, se repose la paresse. sous les traits d'un homme gros et gras, très-bedonnant, ayant la tête aplatie sur le ventre, écrasé moins par le poids qu'il supporte à la façon d'une cariatide que par sa fainéantise et son indolence insurmontable : il n'est visible que de la place du Fort.

La voûte, ce ciel satanique, est peuplée de têtes couronnées et autres dans les rainures des cintres :

---

(1) De vraies sirènes, oiseaux à tête de femme, se trouvent dans la chapelle au-dessus du porche.

en conformité avec ce qu'elle représente elle est fortement gauchie, sans symétrie régulière, ce qui est d'un symbolisme profond. L'ordre brille par son absence dans l'enfer d'où le doux chant a été éloigné selon Dante.

Si nous commentons ici cette page architecturale d'un sens élevé et d'un bel effet dramatique où règne le « démon du midi » et qui a fait hésiter Viollet le Duc, c'est afin d'éviter à d'autres la peine de chercher dans les livres ce qui ne s'y trouve point.

Nous avons nommé le Fort. Ce mot qu'écrivent ainsi Médicis et autres, nous avertit qu'il y avait par là, des fortifications, ce qu'indiquent aussi et les guetteurs du grand clocher et les murs épais de la sacristie dont l'épaisseur n'est pas en rapport avec leur destination actuelle. Les murs épaulés du terrassement, à pic sur le jardin de l'Evêché (aujourd'hui désaffecté), en font déjà comme une roche tarpéienne où conduisaient deux sentiers dont un a maintenant disparu. Du reste l'appellation de For : *forum, forum teloneum*, que lui donnent certaines chartres, s'explique très bien par le fait que les marchés des valeurs durent chercher leur sûreté près d'un lieu fortifié : *fortalitium, fortitium, fortia* (du Cange). Le marché du bétail avait naturellement sa place vers le Doléson. Ainsi, loin de s'exclure, les deux interprétations se complètent et s'appellent mutuellement.

Au même lieu est la porte dite *papale*, soit qu'elle fût réservée à la réception du Pape venu plusieurs fois chez nous, soit qu'elle ait tiré son qualificatif de l'inscription : *Scutari Papa, vive Deo*. L'on sait que le nom de *Pape* fut jadis donné aux Evêques indistinctement. En Occident, les Evêques ne l'ont jamais pris d'eux-mêmes, sauf le Pontife Romain qui se l'appropria depuis saint Léon le Grand.

Mais il leur fut encore donné par autrui jusqu'à saint Grégoire VII qui, dans un Concile Romain, le réserva aux seuls Pontifes de Rome (du Cange), à l'exclusion de tout autre, en Orient ou en Occident. Cette inscription, acclamatoire, suivant Ed. Leblant et Duchesne, est funéraire suivant nous : *Vive Deo* = *Vivas in Deo*, qui est funéraire, dit-on. Regardez bien le *Chrisme* au dessus. Vous voyez l'acte de naissance de la Cathédrale et de l'Evêché du Puy ou Anicium, transféré ici de Vetula, Ruessium ou Saint-Paulien. Pareil *Chrisme*, avec l'*Alpha* et l'*Omega* suspendus aux branches du Christ, ne se voit point en Gaule à partir de 493, dit Edmond Leblant, suivi par les plus savants auteurs. C'est une limite inférieure qui fait déjà remonter Scutaire, Evêque (*Papa*), Sa Cathédrale et l'Evêché du Puy au ve siècle. Les Bénédictins, auteurs de l'*Histoire du Languedoc*, avaient d'abord fixé la date du ixe siècle. Poussés par les arguments d'un Chanoine de Notre-Dame du Puy, ils reculèrent le transfert de deux siècles, jusqu'au viie. Pour une correction, c'était une bonne correction. Mais quand on s'est trompé, rien de mieux à faire que de se corriger.

Dans la nouvelle édition de cette Histoire précieuse, M. Mabille, suivant Edm. Leblant, place au ve siècle la construction de ce qui fut la première Cathédrale, retardant toutefois le transfert du siège jusqu'au viie siècle.

M. Noël Thiollier a partagé cet avis. Je dois à la vérité de dire que, dans une lettre à M. Lascombe, bibliothécaire, M. Allmer craint que Ed. Leblant n'ait fait trop ancienne notre inscription.

Il est vrai, que le même antiquaire de Lyon (*Histoire du Languedoc,* nouvelle édition, t. XV, p. 1152), n'a pas vu que nos anciens peu versés dans la philologie, avaient tort de rattacher le celtique *an(p)icium,* le *grand* Pic ou l'*Esprit* du Pic au grec : *Aniki(t)on,* invincible sans l'intermédiaire du latin, ce qui est pour le langage populaire d'une colossale invraisemblance. Tout le monde peut se tromper : *errare humanum est,*

Or, d'une part, une inscription des temps carolins nous apprend que saint Vosy (Evodius), a été le *premier Evêque du Puy* ; et, d'autre part, nos traditions proclament saint Scutaire, architecte de Notre-Dame, compagnon et successeur de saint

Vosy. Peu satisfaits d'être découronnés par le transfert du siège épiscopal, les habitants de Ruessium ou Vetula, donnèrent, en signe de regret, le nom de leur dernier évêque à leur ville qui, depuis, s'appela Saint-Paulien. C'est donc bien au ve, voire au ive siècle (Cfr. DUCHESNE dans L. Pascal. *Bibliographie*, etc.,) que se hausse le tout ensemble, ainsi que le veut Aymard ; et même suivant la tradition (1) qu'il convient de suivre respectueusement, jusqu'à *preuve contraire*, c'est au iiie siècle qu'il faut le placer.

A cette date éloignée remonterait la frise chrétienne à sujets symboliques, décorant le mur oriental du chevet. Elle est d'un haut mysticisme : la clef s'en trouve dans Méliton et dans la Bible où puisait le Bestiaire divin. Il est facile de voir l'application des paroles suivantes : « Il rôde comme un lion rugissant en quête de sa proie (2) ». Le lion de la tribu de Juda est vaincu (*Apoc*. v. 5) ; vous avez placé bien haut votre refuge (3). Celui dont le Seigneur est le refuge marchera sur l'aspic et le basilic, il foulera le lion et le dragon (3) ; le Seigneur appuiera mes pieds comme ceux du cerf (4) ; une tige sortira de la racine de Jessé et, par

---

(1) Cfr. MÉDICIS, *Odo de Gissey*.
(2) I PETR. v, 8.
(3) Psalm. xc.
(4) HABAC. III 19.

la tige une fleur (1) ; du lion de la tribu de Juda sort une tête d'âne, le juif a la tête dure, et sa queue finit en tête de serpent dont la prudence est le signe du chrétien : ces deux têtes sucent chacune une mamelle : l'ancien et le nouveau testament.

Avant que Mimey le refît vers 1866, le chevet était la partie la plus ancienne de l'Eglise : Aymard l'aurait daté du ve siècle. L'on y a mis au jour des débris antiques se rapportant sans doute à l'édifice du iiie siècle et même à un temple païen.

Une épitaphe gallo-romaine, assez mal expliquée jusqu'ici, se lit sous le clocher au bout du collatéral nord :

Ferriarar gutuater præfectus colon
Qui antequam hic quiesco liberos meos
Utrosque vidi nonn ferocem flam II *VIRUM* (bis)

Traduisez : Prêtre (gaulois) des (corporations) du fer, préfet de la colonie, qui ai vu, avant de reposer ici, mes deux enfants libres *Nonnius Ferox, flamine*, deux fois *duumvir* ..

La colonie mentionnée pouvait être une colonie d'ouvriers autour d'Anicium sans qu'il soit besoin d'en fixer le siège à Lyon. Ces ouvriers sur le fer pouvaient le travailler une fois extrait et même l'extraire du minerai. Ce minerai que l'on apporte aujourd'hui sur le carreau de la mine, allait autre-

---

(1) Isaï, xi, 1.

fois dans les forêts couvrant les parties les moins productives de la Gaule. Le petit bois du séminaire, sur le versant nord d'Anis, nous laisse deviner les forêts d'alentour, au début de l'ère chrétienne. Le celtique Eyssenac (Eis + Sen) semble indiquer un vieillard que le fer a surnommé. Ainsi à cette corporation du fer : *ferrariarum*, était attaché un prêtre gaulois : *gutuater*, qui, loin de se cacher accolait publiquement ce titre à celui de préfet de la colonie, comme il joignait les deux titres de son fils *Nonnius Ferox: flamine* ou prêtre romain et *duumvir*. Cela nous reporte au début de notre ère, au Ier siècle, comme l'écrit Bloch dans LAVISSE (*Histoire de France*), et non au IIIe comme le voulait Aymard. Allmer la dit du Ier ou du IIe siècle. Nous savons que la religion gauloise ou des druides, comprimée par Auguste, encore plus par Tibère (1), fut complètement abolie par Claude : *penitus abolevit* (2).

Il fallait même, sous Auguste, accoler un dieu romain, Auguste, au dieu gaulois et topique Adidoni (Ani + duni à l'Esprit de la montagne Anis) pour faire tolérer celui-ci, il fallait joindre un flamine au gutuater. Le sacerdoce de ce dernier est admis par Bloch et par Ernest Desjardins (3).

---

(1) PLINE.
(2) SUÉTOINE.
(3) *Géographie de la Gaule romaine*, t. II, p. 511.

En traduisant *Orateur*, d'Arbois de Jubainville (1) ne contredit pas ; le prêtre est celui qui *parle* à son dieu au nom de son peuple, et à son peuple au nom de son dieu : il y a le langage de la parole et celui de l'action, notamment le sacrifice, la grande action religieuse (2). Chez nous, d'ailleurs, le rapprochement, la connumération du gutuater et du flamine, gutuater pour Anidoni, flamine pour Auguste (Octave), détermine le sens en dehors de toute ambiguité. Gutuater est celtique et non germanique, ainsi que le voudrait Allmer (3) : bon père, dit-il. Non c'est autre chose.

Cette épitaphe, par sa nature, se refère à l'antique inscription derrière celle de saint Scutaire, à la porte dite papale.

Adidoni   et   Augusto
Sex Talonius Musicus   DSPP

A Adidon (Anidon) et à Auguste Sextus Talonius, musicien, a érigé ce monument à ses frais.

Auguste avait un culte spécial pour Apollon ; c'est à ce dieu, sans doute, dieu des musiciens, que Sext. Talonius rend son vœu. Ainsi, parmi

---

(1) L. c. p. 721-722 (note).

(2) Lorsque les sacrifices *sanglants*, *diræ immanitatis*, de Suétone sont abolis, il reste les autres.

(3) *Histoire du Languedoc*, nouvelle édit. t. XV, p. 1150. Allmer admet que *gutuater* = prêtre.

les deux divinités parèdres, Anidon est l'équivalent d'Apollon. Pour nous c'est Bacchus-Apollon, à cause de Denise = Bacchus (Lacurne de Ste-Palaye). Le dieu a son Esprit ou son oracle au Puy *Anicium* (An + (p)ic) Esprit du Pic, et à Polignac (Pod + ani + acus), élévation, demeure de l'Esprit. Une tradition y met un oracle d'Apollon : nul besoin de recourir à l'absurde *Apolloniacum*. Une faute du lapicide a gravé Adidoni pour Ani + duni où duni est au génitif, donc *Ani* est au datif pour répondre au datif Augusto : c'est donc à l'*Espril... Ani*, qu'il faut traduire. An (1) indique le souffle, l'esprit dans *animus, anima, anemos*, et aussi dans le celtique *anala* et *anaíla* souffle (Henry) (Cfr. ROGET DE BELLOGUET). Cette racine est la clef des mots : *An* (p) *icium*, Cfr. MEDIO (p) *lanun* Milan, *An*iduni, Pod*an*iacus (v. 930), bien que *an* soit parfois ampliatif.

Remarquons, en passant, que *Podium* vient de *Pot, Pod, élévation : enflure* ou *grosseur* [le grec podion n'a rien à y voir sans l'intermédiaire du latin *Podium* : éminence tertre (*Freund*)]. Ces mots ont une origine commune Pod qui marque l'exhaussement, ce par quoi l'on va *Pad* en sanscrit, d'où pied ; et Le Puy vient de *Puc, Pic, pointe*, d'où

---

(1) Point d'article dans le *vieux* celtique (ROGET DE BELLOGUET).

le Languedocien « *puech* » et notre mot *puy* pour *pui*, *puich* et *puic* (Malvezin).

Cela nous conduit naturellement au mot : Corneille désignant aussi le mont Anis : une *corne* est pointue. Toutes ces appellations dérivent de la nature, de la seule inspection des lieux.

Il y avait encore sur pierre cinq inscriptions dont quatre subsistantes. Au porche sud, à gauche de la grande porte, on lisait jadis :

Lubrica si vita fuerit, tu limina vita
Sanctaque ne violes, dum mala carnis oles

Caillau lisait :

Lubrica si vita fuerit, fuge limina vitæ ;
Usque huc ne propies, dum mala carnis oles.

Il traduisait : « Si votre vie n'est pas pure, fuyez
« ce seuil de vie ; n'approchez pas d'ici, tant que
« vous exhalerez la mauvaise odeur d'une chair
« coupable. »

Derrière l'abside, au-dessus d'une citerne taillée dans le roc, l'on a gravé :

Fons ope divina languentibus est medicina.
Subveniens gratis ubi deficit ars Hypocratis.

« Cette fontaine est, par une vertu divine, un
« remède pour les malades ; elle vient gratuite-
« ment en aide quand l'art d'Hypocrate fait

« défaut ». L'on attribuait ainsi une vertu miraculeuse à l'eau du ciel ayant coulé sur le toit angélique ; comme ailleurs à la poussière du sanctuaire, avec cette différence que le premier élément était plus hygiénique suivant la nature.

Dans la chapelle du clocher, dite du Saint-Sauveur (1) sur un tombeau :

« *Anno D(omi)ni 1342 fecit hoc sepulcru(m)*
« *face(re) Joh(ann)es Bruni ca(nonicu)s... hi*
« *Anicii pauper cap(ituli)* ». L'an 1342, Jean Bruni, chanoine pauvre du Puy, fit faire ce sépulcre.

Au porche nord, le tympan de la grande porte figure la cène, sous laquelle on lit : « *Mirabile*
« *sanctum monimentum : postremam cœnam, astanti-*
« *bus discipulis, instituit suœ passionis monimentum.* »

C'est-à-dire : La dernière cène, saint et admirable monument (souvenir) ; c'est en présence de ses disciples qu'Il (Jésus-Christ) institua ce monument de sa passion.

Entre les deux chapelles : saint Gilles et saint Martin (Monlezun — Caillau, dit à tort saint Etienne), plus bas que la porte dorée située à la cent deuxième marche du grand porche, l'on a gravé sur le devant de deux marches :

> *Ni caveas crimen caveas contingere limen.*
> *Nam Regina poli vult sine sorde coli.*

---

(1) MONLEZUN, p. 209.

Si l'on n'évite le crime, que l'on évite ce seuil, car la Reine du Ciel exige un culte sans souillure.

Il existe aussi d'autres inscriptions notables, mais sur bois. Ces deux chapelles cryptales sont fermées, au couchant, par deux portes de mélèze ou de cèdre du XIe siècle, suivant Viollet le Duc, peut-être du Xe... Ces portes sont décorées de bas-reliefs, sculptés avec un soin prodigieux dans l'épaisseur du bois, rappelant diverses pages de l'Ecriture, et enrichis jadis de dorures précieuses et de brillantes peintures. Figures maigres et allongées, ornements riches et capricieux. Une porte a six panneaux, l'autre en a dix (1), contenant des sujets variés avec des inscriptions latines, explicatives. En voici la traduction. A la porte Saint-Gilles, la mieux conservée, à gauche en montant : Pasteurs, je vous annonce la joie du peuple. — Montrez-nous, ô Sion, l'enfant dont nous avons vu l'étoile. — Le tyran, au mépris des lois, égorge les Innocents arrachés aux bras de leurs mères. — Voici que le vieillard tient l'enfant devant qui l'adoration l'incline. — Voici que le cruel Hérode se trouble à la vue des rois de l'Arabie. — Les Perses donnent leurs présents mystiques.

---

(1) CAILLAU. *Les Gloires de Notre-Dame au Puy*, 1846, p. 32.

A la porte de droite, fortement mutilée, Caillau a pu lire ou reconstituer : après la sueur de l'agonie, réconforté par l'Ange, le Christ se lève. — Là, Malchus est tombé sous le glaive vengeur de Pierre. — L'Ange parle à celles qui viennent embaumer Jésus-Christ. — Un feu émané du feu de Dieu illumine les apôtres. — Le Christ mourant sur le bois, a dompté l'empire de la mort...

Le sculpteur a signé son œuvre. Caillau a cru lire : *Gauzfredus me fecit, Petro sedente* : Godefroy m'a fait sous le pontificat de Pierre. Or, il y a eu, sur le siège du Puy, Pierre II de Mercœur au XIe siècle, et Pierre Ier au Xe.

Autrefois les peintures abondaient dans ces chapelles, sous les voûtes, sous les coupoles et les transsepts : elles conviennent admirablement au style romano-bysantin. Il y a encore des restes. Que j'aimerais voir peints : 1° à la plus haute coupole, les Papes pèlerins de Notre-Dame du Puy ; 2° à la plus basse, les Empereurs et les Rois, également pèlerins !

Le cloître lui-même était peint, ainsi que la chapelle contiguë dénommée de l'Immaculée-Conception, le vieux chapitre, le cimetière et enfin chapelle des Morts (1). Là, on enterrait séparé-

---

(1) MONLEZUN, p. 207, citant un manuscrit de la Cathédrale.

ment : 1° l'Evêque, les dignités, les chanoines ; 2° les choriers et les petits clercs ; 3° les serviteurs de l'Eglise et des laïques (1).

Sur un mur de cette chapelle est peint, avec un grand caractère, une grande crucifixion dont M. Léon Giron a mis la copie au chœur des chanoines. Dans la chapelle des Reliques, magnifiques peintures des Arts libéraux.

Maintenant, dirons-nous un mot de la double coupole au-dessus du maître-autel ? Ce clocher angélique a-t-il jamais contenu des cloches ? L'on en doute. Sept cloches dans la grande tour carrée et pyramidale formaient jadis une magnifique sonnerie. Aujourd'hui, il n'y en a plus que trois dont on peut voir la légende dans Caillau (2).

Peut-être aussi deux frontons à jour, sur la façade de la Cathédrale, actuellement vides et trois fois champlevés dans l'azur, ont-ils porté des cloches, comme on le voit ailleurs, en Velay. Cette belle façade, multicolore, dont trois immenses ouvertures (*vomitoria*) semblent tour à tour aspirer et rendre le flot des pèlerins, montant ou descendant sous les voûtes de la nef, afin d'y entrer ou d'en sortir — c'est, vu des Tables, d'un effet saisissant, d'un indicible pittoresque.

---

(1) *Id* l. c. p. 209.
(2) CAILLAU. *Gloires de Notre-Dame du Puy*, p. 47-48.

Mais notre double coupole nous rappelle. Viollet le Duc, Mérimée, etc., improuvent la demisphérique, créée (à ce qu'ils prétendent) afin d'abriter les chanoines contre le froid de l'hiver fort long comme on sait dans nos climats. Nous estimons les chanoines fort innocents de cette faute, si c'en est une. C'en serait une assurément si l'Unité de l'œuvre était rompue, comme l'affirme Viollet le Duc qui aurait voulu voir disparaître cette dualité. Mais ne peut on pas, dans une synthèse supérieure, unir les deux coupoles superposées, les faire idéalement converger à l'infini et voir en cette œuvre du XVIe siècle, suivant Viollet le Duc, bien antérieure suivant nous, la figuration matérielle d'une idée religieuse en opposition avec le protestantisme et le gallicanisme comme il convient en vérité à une église immédiatement soumise au Saint-Siège : non seulement la Primauté dans le spirituel (une coupole maîtresse dominant toutes les autres), mais encore la subordination des deux pouvoirs, spirituel et temporel, distincts et indépendants toutefois dans leurs sphères respectives ? Voilà une idée un peu plus noble que l'invention d'architectes, d'érudits incroyants.

Au centre et au-dessous — sur le grand autel — on vénère la Vierge miraculeuse que la chambre angélique investit de sa vertu surnaturelle. Hélas ! celle de saint Louis, apportée de l'Egypte, dit-on, a été publiquement brûlée au Martouret le 8 juin 1794, bien que certains aient prétendu l'avoir sauvée de la destruction. Celle qui l'a remplacée proviendrait de saint Maurice où était jadis le Refuge et où est aujourd'hui la Visitation. Elle a de belles couronnes et de magnifiques manteaux dont un orné de brillants, et un autre de dentelles sur fond bleu d'un dessin artistique et d'une facture admirablement réussie. Ce dernier est l'œuvre d'enfants du pays, c'est le don d'une âme généreuse dont la modestie le dispute à la bienfaisance. Il a été fait exprès pour le Jubilé de 1910, le 25 mars, etc.

Au terme d'une étude où nous avons serré la vérité le plus près possible, rappelons que le point de départ c'est la lutte eucharistique contre Bérenger de Tours : c'est un acte de foi à l'Eucharistie, écrit dans la pierre, non sans poésie ni splendeur. Ceux qui, contrairement à l'évidence, voudraient toujours abaisser jusqu'au XIIe siècle ce magnifique poëme de pierre suant *l'actualité* par tous ses pores, pourraient-ils nous expliquer pourquoi l'Eglise du Puy, si fidèle et si dévouée à Rome, en rapports si étroits avec la Papauté, si favorisée par un Pape français Léon IX qui lui envoyait le pallium et vantait excellemment son pèlerinage, et par un autre Pape français Urbain II qui y aurait voulu tenir le Concile de la Croisade, *pourquoi* cette

Eglise aurait attendu cent ans (de 1050 à 1150) pour faire un acte de foi en la définition eucharistique de Léon IX lui-même, acte qu'elle devait faire un jour puisqu'elle l'a fait, acte qu'elle pouvait faire cent ans plus tôt, puisqu'on nous dit que le xie et le xiie siècles se partagent les constructions de la Cathédrale ? Il est clair que le poëme eût été mieux placé à la croisée près du tabernacle et n'eût pas fait rétrograder l'ogive dans le plein cintre, à l'étonnement d'un œil exercé; témoin M. Lefèvre Pontalis s'écriant, à cette vue : Ah ! il ne faut pas toujours se fier aux arcs. Non certes ! et c'est la conclusion de cette étude archéologique. Connu dès longtemps, l'arc brisé — nous l'avons vu — a été amené ici par la nécessité, au plus tard dans le xe siècle. Son recul caractéristique est une date pour les travées suivantes.

Tant que l'on n'aura point donné à ce *pourquoi* une réponse impossible, tant que l'on n'aura pas justifié l'emploi des sommes énormes dues aux terreurs de l'an mille, dues aux pèlerinages antérieurs et postérieurs de 992, de 1020, etc., nous aurons le droit de rééditer l'axiome : *Il faut plier la théorie aux faits et non les faits à la théorie.*

Une chapelle gothique ou ogivale (Viollet le Duc l'a datée du xiiie siècle) surmonte le porche sud. Le porche nord a aussi sa chapelle d'un autre âge et d'un autre style. Chacune d'elles communique avec une tribune du transsept ; et celle du nord est contiguë à un vieux monument diversement daté, dit Saint-Jean des fonts-baptismaux parce qu'on y baptisait obligatoirement tous les enfants de la Ville.

C'est à la tribune du transsept nord qu'on a placé, sous Mgr Petit, le grand orgue de Notre-Dame, auparavant situé au fond de la grande nef vers ce qui fut le chœur de saint André.

L'on attribue à Vaneau la chaire à prêcher, le buffet des grandes orgues, le martyre de saint André, quatre panneaux de la Passion de saint Maurice, et deux autres représentant la Résurrection et l'Assomption de la Sainte Vierge : sauf les deux premiers, ces derniers sont à la sacristie faite en 1698. Là, dans un cadre riant d'un constraste, dirai-je terrible ou charmant ? avec le sujet, (les douleurs concentrées y rayonnent en grâces épanouies), l'on voit un *crucifix* en ivoire : à la tête divinement expressive, l'on sent une douleur divine sous une divine résignation, l'une et l'autre profondes comme l'Infini.

Tout proche, sur bois, admirez l'œuvre d'un Primitif préraphaétite. Une *descente de croix* où l'habileté de la composition le dispute à la beauté surnaturelle et naïve de l'expression. Un massacre des Innocents, dans le goût du Poussin est peut-être l'œuvre de Sébastien Bourdon et mérite plus qu'un regard. Une Vierge un peu mignarde tient son Jésus à la belle tête, à la tête rayonnante d'enfant divin ; plus bas une Vierge attribuée à Carlo Dolci (?) L'on remarque par là deux médaillons : d'aucuns y croient voir le frère et la tante de Louis XVII (?)

Enfin, il arrive quatre anges éclaireurs, aux quatre angles, rappelant la consécration angélique, de Notre-Dame. Ce serait l'œuvre de Michel à qui l'on attribue également la grande Assomption de la Vierge qui s'élève dans les airs au-devant de la chambre angélique. De Michel aussi serait le saint André, au fond de l'église.

Le trésor renferme outre diverses reliques, restes d'une ancienne richesse dissipée par la Révolution, une magnifique Bible, millénaire, don de Théodulfe, évêque d'Orléans. C'est un chef-d'œuvre de vieille calligraphie, or et argent, etc. Ne pas oublier, dans le cloître où naquirent les Puys d'amour (en l'honneur d'abord de l'Immaculée), un Musée religieux, créé en partie par M. Léon Giron, avec un art et un dévoûment inlassables. Ce Musée contient entre autres valeurs artistiques, un portrait de Mgr de Béthune, deux grandes statues d'un ancien Mausolée, etc., dus au ciseau habile de Vaneau, sculpteur sur bois.

Jadis, il y avait, autour de Notre-Dame trois collégiales : Saint-Agrève, Saint-Georges, Saint-

Vosy ; lesquelles, avec quatre autres églises, Saint-Pierre-Latour, Saint-Hilaire, Saint-Pierre-le-Monastier et Saint-Jean-Baptiste, hors des murs formaient sept paroisses (1). Aujourd'hui il y en a quatre : Notre-Dame, Saint-Georges-Saint-Régis, (le Collège), Saint-Laurent et les Carmes. Ces deux dernières ont des églises gothiques. Il y eut au Puy dix couvents d'hommes et environ sept communautés de femmes. D'une part, les Bénédictins (993), les Dominicains (1221), les Cordeliers (1225), les Carmes (1286) et (1316), les Capucins (1607) ou (1609), les Hospitaliers de Saint-Jean de Jérusalem (1283), les Templiers, les Jésuites vers 1589, les Sulpiciens (1652), les Frères des Ecoles chrétiennes 1742) : ceux du Sacré-Cœur, les Frères de Saint François-Régis vinrent plus tard.

D'autre part, les Clarisses (1430 ou 1432), les Dominicaines de Sainte-Catherine de Sienne (1605), les Religieuses de Notre-Dame Sainte-Marie (1610) à (1619), celles de Notre-Dame du Refuge (1644), celles de la Visitation (1630), celles de Saint-Joseph (1651), celles de l'Instruction de l'Enfant Jésus vers 1668, qui a produit les *Béates* si utiles aux campagnes.

A l'heure présente, Le Puy possède quelques Jésuites, quelques Sulpiciens dispersés ; l'on y

---

(1) CAILLAU, p 86-87.

tolère encore les Frères des Ecoles chrétiennes, dont les succès sont proclamés par Gustave Lebon, les Clarisses, des Sœurs de la Visitation, des Sœurs de Saint-Joseph, des Sœurs de la Mère Agnès que l'on a introduites à Saint-Pierre (les Dames du Sacré-Cœur se sont vues confisquées), le Bon Pasteur, les Hospitalières de la Croix et de la Trinité, les garde-malades de Saint-François, de Saint-Charles et de Saint-Pierre, des Sœurs de l'Instruction, des Sœurs de Saint-Vincent de Paul. Les Carmélites élèvent sur la Ville leurs mains chargées de sacrifices et de bénédictions. Et les Pénitents occupent l'ancienne maison d'Allègre où sont les peintures de Guy François, de son fils etc.; les Sœurs de l'Assomption soignent les cerveaux un peu plus malades que les autres. Sous un régime proscripteur, où règnent huguenots, juifs et francs-maçons, la licence a tout pouvoir ; la liberté, non pas. Les Camisards (c'est-à-dire l'erreur), se soulevèrent jadis à coups de canons contre l'immense majorité en possession du vrai ; aujourd'hui les catholiques (c'est-à-dire l'immense majorité, en possession du vrai), courbent l'échine comme des ilotes et des parias, sous les coups d'une minorité imbécile et scélérate ; et elle n'a pas même la révolte du bon sens dans un bulletin de vote ! ! qu'on lui subtilise !!!

Exoriare aliquis nostris ex ossibus ultor ! (Enéide)

Plus de paroles ! des actes ! Si la parole est d'argent le silence est d'or... surtout quand, de son sein embrasé, il sort de merveilleux exploits ! Vive la France ! et la franche Vérité ! C'est la Vérité qui fait des hommes libres, justes et bienfaisants. L'unité religieuse dans la seule religion véritable — la nôtre — est le premier de tous les biens. Arrière les Libres-Pansards ! *quorum Deus venter est.*

N.-B. — Il y avait, au vieux temps pour sortir de la haute ville de nombreuses issues pour la foule jubilaire : la Porte Saint-Agrève, la Porte en Jayant ou Porte du Doyenné, la Porte de Vienne, la Porte Saint-Robert, la Porte Gouteyron, la Porte Montferrand ou des Farges, etc.. Ce n'était pas trop pour l'immense affluence. A l'heure actuelle, plusieurs n'existent plus ou ne livrent point passage. Il subsiste, en plus, la Porte Saint Georges, comprise dans le « cerne » capitulaire de Bernard II de Montaigut, sur laquelle j'écris ces lignes, février 1910.

INDULGENCES EN GÉNÉRAL

Les grands Pardons ou Jubilés sont des indulgences plénières avant tout. Or, l'indulgence — les catholiques le savent — est la remise de la peine temporelle dont le pécheur est redevable envers

Dieu, après avoir obtenu l'absolution ou le pardon de ses péchés. Il est rare, sans doute, que la douleur soit assez intense pour emporter à la fois la remise de la coulpe ou offense, et de la peine entière. De là l'importance considérable des indulgences et des Jubilés. Jésus-Christ dit à Pierre : « Tout ce que vous lierez sur la terre, sera lié dans le Ciel ; tout ce que vous délierez sur la terre, sera délié dans le Ciel (1). » L'Eglise peut donc délivrer de la peine due au péché, elle qui remet le péché lui-même. Ça été un coup de folie criminelle de rompre l'unité religieuse dans le monde et de se séparer du Pape, le sucesseur de saint Pierre, le Vicaire de Jésus-Christ, à l'occasion des indulgences concédées par Léon X, comme l'ont fait les *Déformateurs* (2) faussement appelés *Réformés*. Leurs succès malheureux n'ont rien de divin ni d'humain ; ils sont dus à l'avidité, à la corruption des grands et du peuple, source inhumaine et infernale. Aussi est-ce avec raison, que le Concile de Trente a fulminé ses anathèmes.

Les indulgences sont ou plénières ou partielles, suivant que la peine temporelle est remise en totalité ou en partie. Elles sont puisées dans le trésor

---

(1) MATTH. XVI, 18

(2) Un génie poétique, Victor Hugo, est simplement insensé d'attribuer la grandeur de l'Allemagne à Luther ! La France a été la grande nation tant qu'elle a été fidèle à sa vocation — au Christianisme intégral.

de l'Eglise et constituées par les satisfactions infinies de Notre-Seigneur Jésus-Christ, et les satisfactions surabondantes de la Sainte Vierge et des Saints. Le Pape, et, sous lui, les Prélats de l'Eglise, ont seuls la clef du trésor.

Pour les gagner, il faut être baptisé, accomplir dans le temps prescrit les œuvres imposées, et, s'il s'agit de les appliquer à soi-même, être en état de grâce dans la dernière œuvre, car la peine n'est point remise où le péché ne l'est point. Pour gagner pleinement une indulgence plénière, il faut n'avoir aucune affection au péché même véniel. L'indulgence partielle — tant d'années ou de jours — c'est la remise de la peine canonique en usage autrefois : l'on ignore dans quelle mesure nos satisfactions répondent à la peine due à nos fautes. L'Eglise, par manière de suffrage, applique ou permet d'appliquer aux âmes du Purgatoire bon nombre d'indulgences, comme celle de notre Jubilé. Une pratique excellente est d'avoir, chaque matin, l'intention de gagner toutes les indulgences de la journée et d'appliquer aux âmes du Purgatoire toutes celles qui leur sont applicables.

Les indulgences du chemin de la croix ne requièrent point la confession ; celle-ci est le plus souvent requise au gain des indulgeuces plénières. Alors, suivant un décret de la S. Congrégation des indulgences, 12 juin 1822, les fidèles qui n'ont pas coutume de se confesser chaque semaine peuvent, en vue d'une indulgence attachée à une fête, se confesser huit jours avant la fête.

Un décret S. C. Indulgences, 18 février 1835, porte qu'il n'y a point gain d'indulgence si, n'importe pour quelle raison : ignorance, négligence, impuissance, l'on omet une partie notable des œuvres prescrites. Alors ne vaut point l'usage ordinaire de la probabilité.

Un chrétien est, par définition, un pénitent : malgré toutes les indulgences les plus précieuses, il doit donc faire pénitence toute sa vie et ne point se relâcher sous aucun prétexte. Ainsi comprises, les indulgences ne sauraient nuire en rien ; elles incitent au contraire à mieux aimer, à mieux servir un Dieu si clément et si bon.

Voici la principale des indulgences :

LE JUBILÉ EN GÉNÉRAL

Ce mot est d'une étymologie incertaine. L'hébreu d'où il dérive serait Jobel ou trompette ou encore cinquantième, ou germe suivant les uns ; suivant les autres, Jubal = inventeur des instruments de musique ou = germination parce qu'en cette cinquantième année, la terre sans culture produisait d'elle-même des fruits (1). Moïse avait

---

(1) Cfr. FERRARIS, *Bibliotheca* et BERGIER, *Dictionnaire de théologie*. CORN. à *Lapide*.

dit aux juifs : « Vous sanctifierez la cinquantième
« année, et vous publierez la rémission (la liberté)
« pour tous les habitants du pays, parce cette
« année est le Jubilé. Tout homme rentrera dans
« le bien qu'il possédait et chacun retournera à
« son ancienne famille, parce que c'est l'année du
« Jubilé, l'année cinquantième (1). »

Les juifs avaient ainsi le repos sabbatique de chaque semaine, le repos sabbatique de la septième année, et si je puis ainsi dire, le repos sabbatique à la seconde puissance de sept semaines d'années, de quarante-neuf ans accomplis, le repos étant au cinquantième avec les pratiques énumérées ci-dessus.

« En vertu de cette loi du Jubilé, écrit Bergier,
« après tant d'autres, les aliénations de fonds chez
« les juifs ne se faisaient donc point à perpétuité,
« mais seulement jusqu'à l'année jubilaire. Cette
« prescription avait évidemment pour but de con-
« server l'ancien partage qui avait été fait des terres,
« de maintenir parmi les juifs l'égalité de fortunes,
« et d'alléger la servitude. Cette loi fut observée
« fort exactement jusqu'à la captivité de Babylone,
« mais il ne fut plus possible de l'exécuter ensuite
« après le retour de la captivité et les juifs actuels
« y ont complètement renoncé. »

---

(1) LEVIT, XXV, 10-11.

Au livre XXVI⁰ du Lévitique s'étalent les bénédictions et les malédictions qui attendent respectivement les observateurs et les violateurs de la Loi.

Pour faciliter l'accomplissement de sa Loi, Dieu, Jéhovah accordait une triple récolte à chaque sixième année.

Les juifs n'avaient que la figure, nous avons la réalité : le Jubilé juif figurait le Jubilé chrétien lequel, comme tout ce qui est de la religion chrétienne, se rattache à la Grande Victime d'expiation et de propitiation dont les bras étendus sur le monde l'ont affranchi, purifié, sauvé. Là, sur le Calvaire, le Sauveur ouvre immédiatement le ciel au bon larron : aujourd'hui même tu me suivras au paradis (1). N'était-ce pas le premier Jubilé du Christianisme ?

Jésus avait entièrement pardonné à Madeleine, parce qu'elle avait « beaucoup aimé » ; il avait guéri le paralytique avec ces mots : « Mon fils, ayez confiance, vos péchés vous sont remis » ; il avait pardonné à la femme adultère à cette seule condition : « Allez et ne péchez plus » ; d'un regard il avait converti Pierre qui l'avait renié trois fois et qui, sans plus, versa des larmes amères : *flevit amare*. Voilà bien des indulgences plénières. Mais le bon larron est sur un plus grand théâtre et

---

(1) Luc XXIII, 43.

Jésus lui pardonne, à la face du ciel et de la terre, usant, semble-t-il, de plus grands pouvoirs — il les a tous — qui font un saint d'un scélérat, condamné et exécuté, et cela dans les circonstances les plus solennelles. Après la pénitence de l'incestueux de Corinthe, saint Paul écrit : « C'est assez : *sufficit*, « que le coupable ait subi la correction qui lui a « été faite par plusieurs », c'est-à-dire par l'Eglise assemblée : il octroie ainsi le pardon apostolique.

Après des jeûnes et des larmes versées en commun, saint Jean reconvertit un jeune homme qui s'était oublié jusqu'à devenir chef de brigands et le rend à l'Eglise.

« Les martyrs, dit Bossuet, s'affligent dans leurs « prisons de la chute des pécheurs, et intercèdent « pour eux envers l'Eglise, afin d'abréger le temps « de leur pénitence ». Tout se passe en public.

Bel exemple d'une *solidarité* admirablement décrite par saint Paul, plus admirablement pratiquée par les saints et que notre siècle, orgueilleux et ignorant tout ensemble, croit avoir inventée !

Ce qu'a fait l'Eglise jadis, elle le fait encore et le fera toujours. Le saint Concile de Trente « frappe « d'anathème ceux qui assurent ou que les indul- « gences sont inutiles ou que la puissance de les « accorder n'est pas dans l'Eglise (1) ».

---

(1) Conc. Trid. sess. xxv.

Dans le Jubilé, il se fait un « concours de l'Eglise « à faire pénitence de ses péchés, et à offrir de « saintes et humbles prières en unité d'esprit ; et il « se répand sur les membres particuliers de ce corps » une grâce plus abondante à cause du sacré lien « de la société fraternelle et de la communion des « saints (1) ».

Le Jubilé ouvre les cataractes du ciel, il fait bondir jusqu'à nous des torrents de grâces — les plus onctueuses, les plus touchantes, et, si je puis le dire, les plus divines. Aussi le fruit doit-il en être une sincère et parfaite conversion : de mal à bien, de bien à mieux.

De cet ensemble de considérations résulte la définition du Jubilé. Une *indulgence plénière solennelle, que le Souverain Pontife accorde parfois à tous les fidèles ou à une catégorie de fidèles accomplissant certaines œuvres de piété, avec pouvoirs spéciaux aux confesseurs d'absoudre des péchés et censures réservés et de commuer la plupart des vœux.* — On distingue le Jubilé majeur ou de l'année sainte, ou ordinaire qui a lieu tous les vingt-cinq ans : le Jubilé mineur ou extraordinaire concédé par chaque Souverain Pontife après son exaltation et en des circonstances spéciales ; le Jubilé général accordé à tout l'Univers, le Jubilé particulier octroyé à une province,

---

(1) BOSSUET. *Instructions pour le Jubilé.*

à une ville ou un lieu particulier, comme le Jubilé de Notre-Dame du Puy quand il y a coïncidence de l'Annonciation et du Vendredi-Saint.

La teneur des Bulles ou des Brefs déterminèrent les conditions à remplir. D'ordinaire, l'on impose, dans le Jubilé général : trois jeûnes, une aumône, la visite d'églises où l'on prie aux intentions du Pape, la confession, la communion.

Quant au Jubilé Anicien, il requiert : la *confession*, la *communion*, la *visite de N.-D.*

Bien antérieur à Boniface VIII, le Jubilé de l'année sainte, semble remonter aux apôtres Pierre et Paul. Scaliger et Pétau relatent des célébrations jubilaires aux années 49 et 50 après la naissance de Jésus-Christ. Le cardinal Jean Lemoine atteste avoir appris de la bouche même de Boniface qu'il s'était résolu à lancer sa constitution « à cause de « l'opinion vulgaire qu'une semblable indulgence « avait coutume d'être accordée autrefois tous les « cent ans depuis la Nativité du Christ (1). » Et comme les Romains proclamaient unanimement que, tous les cent ans, une indulgence plénière était attachée à la visite de la Basilique Saint-Pierre, Boniface VIII fixa son Jubilé à chaque cen-

---

(1) « *Quia vulgatum est quod talis Indulgentia in annis centesimis à Nativitate Christi olim concedi solebat.* » — (FERRARIS. V° *Annus sanctus*.

tenaire, en 1300. Il y eut, en cette année, des faveurs extraordinaires et une extraordinaire affluence : il y eut constamment à Rome 200.000 pèlerins, sans compter les allants et venants. Dante y vint et il fit vœu d'écrire son poëme immortel : la *Divine Comédie* où il met en enfer ses cruels ennemis (1). De son génie, hélas! que n'ai-je une étincelle?...

Clément VI (1350) fixa ce Jubilé tous les cinquante ans; Urbain VI, tous les trente-trois ans, et Paul II (1470), tous les vingt-cinq ans. Sixte IV et tous les Papes jusqu'à nous ont gardé ce chiffre mieux en rapport avec la durée de la vie humaine.

Grande est la solennité de l'ouverture. Le jour de l'Ascension avant l'année sainte, dans la basilique de Saint-Pierre, après l'Evangile, on lit publiquement et avec grand apparat la Bulle pontificale touchant le Jubilé de la prochaine année. L'année sainte commence aux premières vêpres de la Noël et finit aux premières vêpres de la Noël de l'année suivante. Les vêpres du début sont dites après l'ouverture de la Porte sainte; celles de la fin, avant sa clôture. Tant que la Porte sainte est ouverte, dure le Jubilé.

Elle s'ouvre ainsi. La veille de Noël, au matin,

---

(1) DANTE est surnommé le Poète des Théologiens, et le Théologien des poètes.

a lieu une grande procession où assistent le Souverain Pontife avec les Cardinaux, les ambassadeurs des Princes, les Prélats, etc. Dans l'après-midi, le Pape, ou, le siège vacant, le doyen des Cardinaux, se rend de la chapelle du Palais à l'église de Saint-Pierre, close comme les autres, et là, sur la porte murée, dite la Porte sainte, avec un marteau d'argent, dit Ferraris, d'or, dit Bergier, il frappe trois coups, et le grand Pénitencier deux. Alors les maçons démolissent le mur apposé aux portes de l'église Saint-Pierre. Avec une grande dévotion, le peuple romain et les pèlerins étrangers en recueillent toutes les pierres et le ciment. « Le Pape se
« met à genoux devant cette porte, ajoute Bergier,
« pendant que les pénitenciers de Saint-Pierre la
« lavent d'eau bénite ; ensuite il prend la croix,
« entonne le *Te Deum*, et entre dans l'église avec
« le clergé ». Il assiste aux vêpres solennelles. Cependant, avec un grand cortège, le cardinal doyen va ouvrir « avec les mêmes cérémo-
« nies(1) », la porte sainte de la basilique de Saint-Paul ; et les Cardinaux archiprêtres ouvrent les Portes saintes chacun de sa basilique respective, de Latran et de Sainte-Marie-Majeure. A la fin du Jubilé, un peu avant Noël, on décrète, pour la veille de Noël après vêpres, la fermeture de la

---

(1) V. note p. 116.

Porte sainte de Saint-Pierre, précédée de la même pompe religieuse.

Lorsque le Pape, et après lui, le grand Pénitencier, est entré au milieu du seuil de la Porte sainte, il bénit les pierres, la chaux etc., il jette de la chaux avec une truelle ou cuiller d'argent, il pose trois pierres, et met « douze cassettes, pleines de « médailles d'or et d'argent (1) ; alors le mur s'élève en haut et en large, et il demeure intact jusqu'au retour de l'année sainte. L'on fait de même, comme à l'ouverture, aux autres basiliques ; le tout au milieu de prières variées.

Pour gagner le Jubilé de l'année sainte, les Papes ont imposé les visites suivantes : Boniface VIII, les basiliques des apôtres Pierre et Paul ; Clément VI, ancien moine de la Chaise-Dieu, la basilique de Latran en plus ; son neveu, ancien chanoine de Brioude, Grégoire XI, en plus, Sainte-Marie-Majeure, comme il s'observe présentement. En raison de la peste, Urbain VIII substitua à Saint-Paul hors les murs l'église de Sainte Marie au Trastevere.

Quand le Jubilé de l'année sainte à Rome s'étend au monde entier, c'est affaire aux Evêques de fixer les visites.

Venons-en au Jubilé local du mont Anis où les

---

(1) BERGIER. « Le jour de Noël, au matin, le Pape donne « au peuple la bénédiction en forme de Jubilé. »

faveurs extraordinaires de la Mère de Dieu ont toujours, depuis le Christianisme, attiré des pèlerins, souvent en nombre immense, ainsi que les personnages les mieux titrés : Papes, Empereurs et Rois. Afin d'encourager ce mouvement religieux, les souverains Pontifes se sont plu à enrichir cet antique et illustre pèlerinage de privilèges, notamment de l'indulgence insigne du Jubilé. Si le Jubilé romain a été reporté aux temps apostoliques, aux apôtres eux-mêmes, l'on peut croire que le nôtre se rapproche de ces temps, par les disciples des apôtres ou du Sauveur : saint Martial, saint Georges, saint Front.

GRAND PARDON OU JUBILÉ DU PUY

1º Du Cange cite comme Jubilé particulier celui de saint Thomas de Cantorbéry. On lit, dit-il, dans Guillaume Thorn, que les moines de la Sainte Trinité ont célébré en grande pompe l'année jubilaire : *Jubilæum annum,* de saint Thomas de Cantorbéry, archevêque et martyr, en 1320. La même solennité eut lieu en 1370 au milieu d'un concours infini de peuple. D'où il appert, conclut du Cange, que ce Jubilé autorisé du Pape a lieu tous les cinquante ans. L'on sait que saint Thomas Becket fut martyrisé en 1170.

2º L'on célèbre, en Galice, le Jubilé de saint

Jacques de Compostelle. *Santiago de Compostella : Campus stellæ*, ainsi nommé de l'étoile miraculeuse qui, selon la légende, fit découvrir, enfoui dans la terre, le cercueil de marbre contenant le corps du bienheureux. Ce pèlerinage est illustre dans la chrétienté tout entière ; les pèlerins français y ont une chapelle particulière. En accordant, pour le Jubilé du Puy, le pouvoir de commuer les vœux, Benoît XIII excepte les vœux de chasteté, de religion, de visite des basiliques des saints apôtres Pierre et Paul à Rome, du pèlerinage au sépulcre de Notre-Seigneur (à Jérusalem) et au tombeau de *saint Jacques de Compostelle*, ainsi mis au rang des plus fameux. En 1179, le Pape Alexandre III y attacha une indulgence plénière sous forme de Jubilé à toute coïncidence du dimanche et du 25 juillet, fête de saint Jacques le Majeur.

3° Saint Jean (Baptiste) de Lyon, patron de la primatiale, a également son Jubilé à la rencontre des deux fêtes du Saint-Sacrement et de saint Jean-Baptiste le 24 juin. Il en est fait mention, pour la première fois, dans l'histoire en 1451.

4° Quand la fête de saint Nizier (à Lyon), 2 avril, est au jeudi suivant le dimanche *in Albis*, il y a un Jubilé. Un Bref de Clément XIII, du 17 janvier 1761, étend et consacre le privilège.

5° Toutes les fois que la fête de l'Invention de la sainte Croix tombe un vendredi, Clément V

(1309) accorde un Jubilé à saint Bertrand de Comminges, mort en 1123 et canonisé en 1179.

6° La coïncidence du dimanche avec la fête de saint Jean-Baptiste amène un Jubilé dans la collégiale de Chaumont, par la grâce de Sixte IV; 8 février 1475.

7° Si la fête de la sainte Croix arrive un vendredi, les pénitents noirs de Toulouse ont aussi leur Pardon, octroyé par Pie VI le 17 septembre 1782. — Caillau parle aussi d'un Jubilé à Rocamadour, 1451.

8° Quant au Jubilé ou pardon du Puy, l'abbé Darras le fait instituer ou consacrer à l'occasion, des terreurs follement accréditées de l'an 1000, et du pèlerinage extraordinaire de l'an 992 où l'Annonciation (25 mars), tombait le vendredi-saint. C'est entre ces deux jours que s'est écoulée la vie terrestre du Sauveur, et l'on ne saurait mieux honorer sa Mère, la corédemptrice, qu'en associant ces deux dates. C'était une opinion répandue jadis que N.-S. J. C. s'était incarné et était mort le 25 mars : et l'on estimait que l'humanité ne pouvait mieux clore son existence que le jour même où le Rédempteur avait clos la sienne. Marie devait y assister le monde comme elle avait assisté Jésus : on la réclamait sur un double Calvaire.

L'abbé Darras a oublié d'indiquer ses sources :

essayons d'y suppléer, dans la mesure du possible et avec la plus haute vraisemblance.

Au Concile de Constance, en 1418, Martin V, à la demande d'Elie de Lestrange, et sur l'attestation de Pierre d'Ailly, ancien évêque du Puy, — de Jean de Brogni, cardinal de Viviers, — de l'évêque de Valence Amédée de Saluces, confirma le Jubilé Anicien qui existait depuis un temps immémorial. Ce témoignage authentique et scripturaire place déjà notre Jubilé avant celui de Cantorbéry, — de saint Jérôme de Toulouse, — de saint Bertrand de Comminges, — de saint Jean Baptiste de Chaumont, — de saint Nizier et de saint Jean de Lyon.

Onze ans auparavant, en 1407, il y avait eu un Jubilé au Puy consigné dans l'histoire. Or, en prenant le minimum de cent ans, nous sommes historiquement certains de l'antériorité du dit Jubilé.

Il faut observer que la force du terme « immémorial », n'est point épuisée pour cela : elle peut plonger ses racines bien avant dans le passé. Ne l'oublions pas. Maintenant, raisonnons par analogie : si l'énorme affluence des pèlerins à Compostelle lui a valu un Jubilé dès 1179, que dire du pèlerinage du Puy où l'affluence n'était ni moins énorme ni moins remarquable ? Des Papes, des Empereurs, des Rois y étaient venus : Urbain II

(1095), Pascal II (1107), Gélase II (1118), Calixte II (1119), Innocent II (1130), Alexandre III (1162), auquel on attribue le Jubilé de Compostelle. Ne l'aurait-il pas créé au Puy, s'il n'y avait déjà existé ? — Charlemagne, avant et après son couronnement impérial, Louis le Débonnaire, (795, 832 et 833), Charles le Chauve (877), le roi Eudes (892), le roi Robert (1029), Louis VII (1146) et y furent d'illustres, de puissants et de fervents pèlerins. Pense t-on qu'aucun d'eux n'eût demandé et obtenu la faveur *jubilaire*, si elle n'eût existé déjà ? — Songez d'autre part que l'Evêque du Puy, Adhémar de Monteil, fut légat de la croisade ; que Léon IX lui-même vantait la *précellence* du pèlerinage ancien sur les autres des Gaules ; que Gerbert, Sylvestre II, ancien moine d'Aurillac, avait ordonné vers 998 pour évêque du Puy, le bénédictin Théotard, son ancien compagnon de cloître et son ami et l'avait soumis *immédiatement* au Saint-Siège. Et vous inclinerez à croire que si le Jubilé existait quelque part, Le Puy devait jouir, chez lui, de ce privilège.

Pour mon compte, j'estimerais que le pèlerinage de 992 occasionna non pas la création, mais la confirmation du Jubilé. Qu'aurait servi aux pèlerins qui tremblaient de frayeur devant le dernier cataclysme de les renvoyer à 1065 pour la grâce jubilaire ? Dans l'imagination des foules, on allait mourir incessamment. Nous voyons à cette époque une confirmation jubilaire, non une création. D'ailleurs, dans Médicis, Guillaume Montanhac affirme que la « concession de la dite indulgence « est prouvée par de *vieilles écritures* gardées dans « la sainte Eglise du Puy, par les *livres* authentiques et fort anciens de cette même Eglise, et « enfin par des chartes ou bulles écrites sur l'écorce « d'arbre (papyrus ?) qui en font une mention « expresse ». Tout cela est devenu la proie des flammes ou de la révolution.

Mais pourquoi en telle occurence et non dans une autre, ce Jubilé ou grand Pardon du Puy ? La Cathédrale Notre-Dame a sa fête patronale le jour de l'Annonciation, c'est-à-dire le jour où elle devint Mère de Dieu, en concevant un Dieu. La Maternité divine de Marie est la raison de toutes ses prérogatives. C'est par son Fils qu'elle a vaincu le paganisme, son erreur et son immoralité. Elle a pris pied sur cette montagne aiguë *An(p)icium*, où jadis l'on sacrifiait aux idoles des victimes humaines sur la pierre d'âge mégalithique dont il subsiste un fragment considérable, où l'on brûlait des vivants dans les anfractuosités de la roche, au lieu dit « del géant [1] », lequel est un souvenir

---

[1] Charte du 6 janvier 1496.

des antiques holocaustes (1). La substitution de la Grande Victime expiatrice à la place de la pauvre humanité, s'effectua ici par l'Eucharistie, comme au Golgotha, par le sang divin, *achevant un sacrifice commencé au sein maternel*, voilà qui a uni ces deux jours Annonciation et Rédemption, au 25 mars immédiatement après l'équinoxe de printemps ouvrant l'année aux joies pascales. Rappelez-vous que, dans la croyance des foules, le monde devait finir le 25 mars, un vendredi saint.

Voilà, avec les certitudes, les probabilités sur le grand Pardon du Puy, pouvant remonter comme celui de Rome, aux apôtres ou à leurs disciples.

N.-B. — Si l'on consulte la table chronologique des Bénédictins (2) rectifiée par Wells, on trouve, à vouloir faire mourir Jésus-Christ le 25 mars, qu'il aurait dû naître 21 ans avant l'ère vulgaire ou mourir à 95 ou 97 ans. Nous ne sachons pas que personne admette ces conséquences. L'on avance de 4 à 6 ans l'ère vulgaire, et c'est tout.

Voici les dates où Pâques tombe le 27 mars :

1 — 12 — 91 — 96 — 175 — 186 — 259 — 270 — 281 — 343 — 354 — 365 — 376 — 438

---

(1) Cfr. G. BLOCH, dans Lavisse, *Histoire de France*, t. I, II, p. 57.

(2) Art de vérifier les dates.

— 449 — 460 — 533 — 544 — 623 — 628 — 707 — 718 — 791 — 802 — 813 — 875 — 886 — 897 — 908 — 970 — 981 — 992 — 1065 — 1076 — 1155 — 1160 — 1239 — 1250 — 1323 — 1334 — 1345 — 1407 — 1418 — 1429 — 1440 — 1502 — 1513 — 1524 — 1622 — 1633 — 1644 — 1701 — 1712 — 1785 — 1796 — 1842 — 1853 — 1864 — 1910 — 1921 — 1932 — 2005 — 2016 — 2157 — 2168 — 2214 — 2225 — 2236 — 2304 — 2377 — 2388 — 2461 — 2472. A partir de 2000, j'ai calculé avec les formules de Gauss, et j'ai vérifié tout le reste.

Tous ces chiffres sont pour le calendrier julien, — et pour le calendrier grégorien à partir de la réforme de Grégoire XIII. Ils donnent les pâques des *chrétiens*. Mais si, comme les *Juifs*, on laisse de côté le Concile de Nicée et Grégoire XIII, l'on a pour le terme pascal ou pour la *pâque juive*, depuis la Nativité de Jésus-Christ, suivant l'ère vulgaire l'an 9, l'an 28, l'an 47, l'an 66, l'an 85, où Paque est le 27 mars. Or l'an 28, plus 6 ans, omis par Denys le Petit, donnent 34, âge où Jésus-Christ a pu mourir le 25 *mars*; l'an 47 le ferait vivre environ 51 ans ou 53 ans.

La marche de nos Jubilés s'effectue assez souvent sur un rythme ondécennal. Ainsi d'abord pour les quatre premiers dont nous avons quelques détails authentiques.

JUBILÉS DE 1407 — 1418 — 1429 — 1440.

(1) Au carême de 1407, dit Juvenal des Ursins, l'Annonciation de Notre-Dame fut le « vendredi « saint, et tient-on que quand elle échet le jour « du dit vendredi, il y a pardon de peine et de « coulpe au Puy, et y fut tant de monde et de « peuple que merveille, et y eut bien deux cents « personnes éteintes ». Médicis et Gissey ne comptent que sept morts. Médicis ajoute : « et y eut grant faulte de pain. »

A la prière d'Elie de Lestrange, Martin V prolongea la durée du Jubilé en 1418 jusqu'au mardi de Pâques. Néanmoins, malgré toutes les précautions, trente-trois personnes périrent « étouffées « dans la presse ».

Sous Guillaume de Chalencon, le roi Charles VII, acclamé roi au château d'Espaly, lequel roi aimait grandement Notre-Dame du Puy, obtint du Souverain Pontife que le Jubilé de 1429 fût prolongé jusqu'au dimanche après Pâques ou de Quasimodo. « Il n'y eut pas lieu de « faire les « presses accoutumées (2) ». C'est durant ce

---

(1) Les chroniqueurs qui commençaient l'année au samedi saint datent de 1406, ce Jubilé qui est de 1407, en partant du 1er janvier.

(2) Frère THÉODORE.

Jubilé que Romée Isabeau, mère de la Pucelle d'Orléans, rencontra à Notre-Dame du Puy le frère Jean Pasquerel des Ermites de Saint-Augustin, le futur confesseur de Jeanne d'Arc qu'il accompagna fidèlement jusqu'à la trahison de Compiègne.

Et l'anglais fut « bouté dehors » par cet Ange de la délivrance.

Puisse le présent Jubilé de 1910 sauver encore notre pays !

En 1440, nouveau Jubilé « duquel (1) n'ay peu « trouver chose que j'aye sceu mettre au présent « de Podio qui soit digne de mémoire », *dit* un chroniqueur. Il n'y eut *point* d'accidents de personne.

JUBILÉS DE 1502 — 1513 — 1524

A la suite de l'année sainte, en 1502, Geoffroy de Pompadour, ne demanda point à Rome une prolongation. Or, dit Médicis, vers la fin de la semaine, « telles troupes d'étrangers abordèrent « qu'il fallut faire de nouveaux passages à travers « les vignes et les champs. Si quelqu'un tombait, « nul n'osait le relever de peur d'être foulé ». On portait des marques au bout des bâtons pour se reconnaître. « La violence de la presse dura depuis

---

(1) MÉDICIS, t. I. p. 152.

« le matin du jeudi saint jusqu'à dix heures du
« vendredi suivant ». Il y eut des confesseurs dans
les cimetières et au grand pré du Breuil : il y en
eut trois mille en tout. Le pain manqua. On eût
dit que l'Italie, l'Espagne, l'Angleterre, s'étaient
épuisées d'habitants et il s'y trouva même plusieurs
familles grecques. Pour rafraîchir la chaleur
intense, les pèlerins se faisaient jeter de l'eau des
fenêtres. Il y eut dix-sept morts vers la porte de
Vienne, et quatre-vingt-quinze vers la porte Saint-
Robert, en tout plus de cent. Un enfant dont la
mère était ensevelie sous un éboulement put être
baptisé.

Le même Evêque, Geoffroy de Pompadour,
« grand aumônier de France », vit en 1513, un
Jubilé où « afflua grand et indicible nombre de
« peuple où pour la discrétion des incoles de la
« ville, moiennant la pourvoyance divine, il fut si
« astucieusement conduit et gouverné qu'il n'y eut
« créature qui y print nul inconvénient. Il fut faict
« en tel état :... » Suit l'ordre de ce Jubilé (1). Il
n'y eut pas des bousculades terribles comme au
précédent. Sur la place, un gibet fut dressé à l'usage
des voleurs (2).

Sous l'Episcopat d'Antoine de Chabannes, au

---

(1) MÉDICIS, t. I, p. 154-157.
(2) DE MAULDE LA CLAVIÈRE.

Jubilé de 1524, « le nombre tant des regnicoles que « des étrangers qui y vinrent fut presque infini (1) », malgré les bruits de peste et de guerre semés par la malveillance des protestants. « Il y vint des gens et tant, écrit Médicis, « que je ne sais comment plus « en fussent venus ou si plus en eust pu tenir ». On y vit des Anglais, des Espagnols, des Italiens et des Grecs. L'ordre y fut parfait, et « personne « ne mourut, hormis un homme qui trop ardent « de dévotion, s'étant placé sur quelque méchant « ais, tomba et se rompit le col (2) » On régla la « dépense des pèlerins chez les hostelliers, c'est à « savoir : homme à cheval, douze sols six deniers « par jour et hommes à pied six sols trois deniers (4) ». Après le Jubilé, la peste éclata dans la ville ; et, par crainte de la guerre, on « mura le portalet de « la Chévrerie et les portes de Gouteyron, de Mont- « ferrand et de Porte-Aiguière (5) ».

Plusieurs prédicateurs étrangers ayant parlé contre le Jubilé, dit Odo de Gissey, furent punis miraculeusement.

JUBILÉS DE 1622 — 1633 — 1644

A la demande du roi Louis XIII et de l'Evêque

---

(1) *Tablet. hist. du Velay*, t. III, p. 408.
(2) Gissey, l. 3, ch. 28.
(3) Médicis.
(4) Id.

Just de Serres, Grégoire XV, en date du 24 décembre 1621, étendit *pour toujours* à toute l'*Octave* le privilège accordé par ses prédécesseurs pour le jour de l'Annonciation. « Jamais peut être, raconte « Théodore, on ne vit à la fois au Puy, tant de « prélats et de noblesse... les manuscrits assurent « qu'il n'y eut pas moins de trois cent mille per- « sonnes ». — « Il y en eût eu davantage (1) », si les réformés n'avaient bouché plusieurs avenues et retenu dans leurs maisons beaucoup de gens de bien et dévots à la Sainte « Vierge ».

Il régna un ordre admirable au dehors et au dedans de l'église. Personne n'entrait au chœur, sauf les chanoines et les gens de condition. Après les vêpres du Jeudi-Saint, l'Evêque prêcha dans une chaire au For tholoné d'où la procession est continuée et rentre par la Porte Dorée. Accourent les pénitents de Chaudes-Aigues, les pèlerins de Montbrison, de Langeac... Quinze mille personnes passent la nuit du lundi de Pâques, en plein air au Breuil.

La sainte image de Notre Dame avait été posée à l'endroit de la porte du cloître, rehaussée sur un échaffaud devant les effigies des neufs preux, avec le Saint Sacrement et force reliques. Trois barrières à l'escalier des Garazes régularisaient le mouvement.

---

(1) Chan. Bernard.

L'on avait mis douze soldats au roc de Corneille et trois corps de garde se tenaient l'un à l'esplanade de Saint-Vosy et les deux autres aux places du Martouret et des Tables. Ainsi jusqu'au lundi de Pâques où le duc de Ventadour, lieutenant général du Languedoc, venu au Puy avec son épouse et trois de ses fils, fit prendre l'épée à la bourgeoisie. L'on afficha une taxe sur le pain et le vin, « avec
« défense de l'outrepasser, sous peine de galères ».
— « Le soir, les maisons allumaient des lanternes
« aux fenêtres, jusqu'au son d'une grosse cloche qui
« avertissait de ne plus se trouver dehors ; et l'on
« avait si bien obvié à toute sorte d'inconvénients
« que rien ne troubla la solennité de ces huit
« journées (1) ».

Sous Urbain VIII Pape, Louis XIII, roi de France, et Just de Serres, évêque du Puy, le même concours de peuple eut lieu en 1633 qu'en 1622. Le dernier en date fut même « plus célèbre par le « nombre innombrable de peuple » qui vint le gagner, malgré les bruits de peste malicieusement semés par les hérétiques. Le temps fut tel, ajoute le chanoine Bernard, pendant l'octave et quelques jours après, qu'il « semblait que mars eut fait vœu « d'arrêter ses giboulées, pour ne point » gêner la dévotion des fidèles. Bien que deux jours avant

---

(1) THÉODORE, *Hist. de N. D. du Puy.*

le Jubilé, il fit « le plus furieux temps de froid, une
« grande bise noire et triste, au Jeudi-Saint se leva
« le plus admirable temps clair, et luisant et chaud,
« et sec » comme si nous étions en été (1).

A ce Jubilé, remarque un manuscrit, l'on donna la communion le *Vendredi-Saint*.

Monlezun a noté ceci : « Sylvestre de Marcillac,
« évêque de Mende, et Louis de Suze, évêque de
« Viviers, assistèrent l'un à la procession d'ouver-
« ture et l'autre à celle de clôture. Le prélat offi-
« ciant portait à la première le soulier de la Sainte
« Vierge, dont saint Martial avait jadis gratifié le
« Velay ».

L'on peut lire aux *Tablettes historiques du Velay*, t II. p. 155 (note), la relation faite par Ch. Rocher, d'après Jacmon. On y voit « les cérémonies qui
« qui s'y pratiquèrent, les dispositions de police et
« de sûreté générales qui furent prises en prévision
« d'accidents », la foule étant si grande qu'il fallut abattre plusieurs maisons le long des Grazes, le grand escalier, et à l'angle des rues de Farges et de Louche.

L'abbé Payrard, *Nouvelle série*, p. 133-134, signale pour la première fois, le pèlerinage au Puy des pénitents de Brioude.

Jacmon a relevé que le Jeudi-Saint de 1633, après

---

(1) JACMON.

la procession, il « fut faict une prédication à la chaire
« ancienne du Fort de Notre-Dame, qui est auprès
« de l'Evesché ».

Urbain VIII était encore Pape, Louis XIV était
roi de France et Henri de Maupas, évêque du Puy
quand vint le Pardon de 1644.

« Les avenues n'ont jamais été si fascheuses, à
« cause des neiges, dit le chanoine Bernard, et l'on
« croyait qu'on y verrait fort peu d'estrangers, tant
« à cause de cette incommodité que des faux bruits
« qui avaient éte semés. Néanmoins, quasi par
« miracle, on y a vu plus de gens de condition
« et bien autant d'autres qu'ès précédents. Il y a
« eu grand nombre de confesseurs, tant séculiers
« que réguliers, y en ayant eu cent au seul couvent
« des capucins ».

Monlezun ajoute : « On y remarqua l'Evêque de
« Mende, Marcillac, et Charles de Noailles, évêque
« de Saint-Flour : le vicomte d'Arpajon, lieutenant
« général du Languedoc, et le vicomte de Polignac,
« gouverneur de la ville du Puy, tous les deux
« chevaliers des ordres du roi prirent part à la pro-
« cession d'ouverture, parés de leurs colliers et de
« leurs croix, et escortés par une foule de seigneurs,
« de diverses provinces. » — « Immense fut le
« concours des pèlerins, lit-on dans le cha-
« noine Pouderoux ; pour faciliter le passage du
« peuple dont toutes les rues étaient remplies, on

« fut obligé d'abattre tous les étaux ou tabliers : les
« gens étaient si pressés par la soif, qu'on était
« obligé, pour les soulager, de jeter de l'eau par les
« fenêtres. . ; les églises de la ville étaient entière-
« ment remplies », l'on confessa « dans les cime-
« tières (alors près des églises), les cloîtres ou les
« places adjacentes aux sanctuaires. Malgré la pro-
« digieuse quantité d'hosties qu'on avait consacrées
« à la Cathédrale, elles manquèrent le *Vendredi-*
« *Saint* (1). « Voici un miracle de la Sainte Vierge,
« dit Jacmon : « Lorsque le Pardon entra, le beau
« temps arriva, et dura pendant le dit Jubilé, et
« après retourna en son premier estat de froidure. »
Les règlements furent les mêmes qu'autrefois (2).

JUBILÉS DE 1701 — 1712

L'on peut lire dans les chanoines Rome et Pouderoux, les détails les plus intéressants et les plus circonstanciés touchant ces Jubilés. Nous y glanons quelques faits seulement.

Durant ces Pardons, Clément XI est Pape, Louis XIV est roi de France, Armand de Béthune, évêque du Puy pour le premier, et Claude de la Roche-Aymond, pour le second.

En 1701, les habitants du Puy firent leur visite

---

(1) *Tablet. hist. du Velay*, t. III, p. 409-410.
(2) THÉODORE.

jubilaire les jeudi, vendredi et samedi, à quatre heures du soir Les paroisses du diocèse vinrent en procession, et, entrant comme tous les étrangers par la porte Saint Gilles, montèrent à Notre-Dame par archiprêtré. Les pèlerins de Brioude, furent reçus dans le sanctuaire. L'on sait que l'Evêque du Puy était jadis comte-né de l'illustre collégiale de Saint-Julien de Brioude. On gradua les barrières pour régler l'ascension à Notre-Dame. La communion était distribuée à l'autel Saint-André, à la dernière travée occidentale. Par la porte Saint-Jean, à la sortie, on gagnait celles de Gouteyron et de Vienne. Dans la chapelle du Jubilé, « les *barons de* « *Notre-Dame* se tenaient tous les jours deux, un « de chaque côté de l'autel, devant la Sainte Vierge, « l'épée nue à la main. » Cette chapelle fut dressée « dans l'aile droite de l'église, à la troisième arcade, « depuis celle du Saint-Crucifix, où était autrefois le « tableau des neuf preux ». L'autel de la Sainte Vierge et du Saint-Sacrement y fut placé sur « un lieu éminent ». On y voyait de beaux rideaux, de belles tapisseries, de belles broderies, de beaux tableaux et un magnifique luminaire : cent cinquante livres de cire par jour. Les processions furent splendides ; et il y eut des conversions extraordinaires. Beaucoup de personnes, touchées de vifs sentiments de piété et de pénitence, marchaient pieds nus sur la neige; on remarqua, en particulier deux chevaliers de Malte qui, attirés de leur île par la dévotion, vinrent nu-pieds depuis la chapelle de Saint-Anne (au-dessus du Collet (1) jusqu'au Puy, et marquèrent de leur sang l'escalier de Notre-Dame.

L'abondance de la neige qui, dès le second jour, tombait à gros flocons, ne diminua point l'affluence des étrangers. Les fruits de ce Jubilé s'épandirent sur toute la France, même sur l'Europe entière. On y vit des pèlerins d'Italie, d'Espagne et d'Allemagne. Durant l'octave, l'église fut comme assiégée. Pour maintenir l'ordre, il fallut un piquet de soldats à chaque extrémité de la Table sainte : on compta quinze mille communions chez les Jésuites, trois mille chez les Cordeliers, six mille aux Carmes, dix mille chez les Capucins, et autant sans doute chez les Dominicains de Saint-Laurent. A Notre-Dame on donna la communion depuis le grand matin, jusqu'à l'entrée de la nuit.

Ce Jubilé est un des plus célèbres dont l'histoire ait conservé le souvenir. La clôture eut lieu avec la même solennité que l'ouverture et dans le même ordre. Finalement il y eut un service d'actions de grâces. Clément XI demanda une relation

---

(1) Aujourd'hui disparue. Cfr. la *Carte du Velay* DE CASSINI, à la Bibliothèque municipale.

détaillée et authentique sur le Jubilé de 1701 où l'on vit les pénitents blancs de Brioude. C'est alors qu'il prolongea jusqu'au dimanche de Quasimodo, celui de 1712, pour une fois seulement. Benoît XIII rendit la concession *perpétuelle* en 1727 et l'indulgence applicable aux âmes du *Purgatoire*.

Dans son *Mémoire* sur le Jubilé de Notre-Dame du Puy (1785), le chanoine Pouderoux a accumulé des détails fort intéressants sur le Pardon de 1712. Il relate les dépositions du chapitre de Notre-Dame, du recteur des Jésuites, du gardien des Cordeliers, du prieur des Carmes, du gardien des Capucins, du prieur des Dominicains.

Nous résumons ici, celle du Chapitre de Notre-Dame.

La quantité des pèlerins était si considérable que les trois grands chemins du côté du Languedoc, du côté du Lyonnais, du côté de l'Auvergne étaient souvent embarrassés. Les auberges étaient si remplies que les bourgeois et les artisans furent obligés de loger les étrangers. Outre les précautions prises aux précédents Jubilés pour parer aux accidents, on dut en prendre de nouvelles. On ferma les rues étroites, on doubla les corps de garde, on tendit des chaînes aux carrefours. On mit trois fortes palissades sur les rampes du degré, (escalier). A mesure que le public avait adoré le

Saint-Sacrement et vénéré la Sainte Vierge sur l'autel d'une tribune, à côté de la grande nef, et gagné l'indulgence, des soldats faisaient sortir doucement les fidèles. Les petites nefs, le chœur Saint-André, les chapelles étaient remplies de confessionnaux. A chaque confessionnal, deux soldats empêchaient le peuple de s'accabler. On donnait la communion, parfois jusqu'à l'entrée de la nuit: on en compta quinze mille à Notre-Dame. Malgré cent boutiques de boulangers, le pain manqua sur la fin. Les fidèles retirèrent les plus grands fruits de salut de cette solennité. Tous publiaient que la Sainte Vierge obtenait de son Fils dans son église du Puy, les grâces les plus extraordinaires aux plus grands pécheurs. Tous les confesseurs avaient reconnu les plus grandes dispositions dans leurs pénitents, ils espéraient les plus solides conversions de la part d'un grand nombre de pécheurs qui avaient croupi depuis longtemps dans le crime. Et plusieurs Luthériens, Calvinistes, Jansénistes qui étaient alors rentrés dans le sein de l'Eglise, paraissaient être sincèrement convertis.

JUBILÉS DE 1785 — 1796

Pie VI siège à Rome, Louis XVI règne à Paris et Marie-Joseph de Galard de Terraube gouverne le diocèse du Puy. Les pseudo-philosophes ont perverti les esprits, les sociétés secrètes ont juré la ruine de l'Eglise et de la monarchie. Pendant que les naïfs se laissent prendre à des dehors humanitaires et à des apparences idylliques, l'on entend des craquements sinistres, devant l'écho de ces paroles : Ecrasons l'Infâme ! et la Terreur aiguise son couperet.

Cependant en 1785, époque d'un Jubilé ancien, l'habitant du Puy ne semblait point capable de la perversité qui signala les jours néfastes de la révolution. Mgr de Galard avait appelé des prédicateurs étrangers. Tous les prêtres étaient munis de pouvoirs extraordinaires. A l'ouverture du Jubilé, 25 mars, et pendant toute sa durée, des prédications et des conférences eurent lieu dans plusieurs églises à la fois. Chaque paroisse fit sa procession particulière, qui avait été précédée d'une procession générale où l'on emporta sur des « emballets » toutes les reliques. Les cabarets et les cafés étaient déserts. Partout l'image de la piété et du recueillement. Malgré le mauvais temps, toutes les paroisses du Velay vinrent « par tour » en procession à la Cathédrale. Sans être du diocèse, les pénitents de Brioude eurent la dévotion d'y venir. Ils furent reçus au pont d'Estrouilhas par les Confalons du Puy. Le temps pluvieux doublait leur mérite.

Il n'y eut pas de femme et très peu d'hommes (au Puy) qui n'approchassent des Sacrements, très peu qui aient rougi d'aller aux processions, un cierge à la main. Parmi les prédicateurs, on distingua le P. Guilhoux qui prêchait d'abondance. Deux compagnies de dragons, en garnison au Puy, gagnèrent le Jubilé. Rendus au Collège en ordre militaire, ils communièrent par peloton. Ils se présentaient le sabre à la main, ils déposaient leurs armes aux pieds de l'autel et ils allaient recevoir la sainte Hostie. Une musique guerrière exécutait des airs majestueux pendant la communion (1). — L'on vit au Puy, quatre-vingt mille étrangers.

On vint par archiprêtrés. Le pèlerinage jubilaire du Monastier (monastère et paroisses) est relaté dans *l'Echo de Notre-Dame de France*. Au Jubilé de 1785, on vit les pénitents de Saint-Flour, de Murat, de Chaudesaigues, de Pierrefort, de Saint-Urcise, ainsi que les pénitents de Brioude déjà nommés, Langeac, Paulhaguet.

Bientôt la tempête révolutionnaire, soufflant avec furie, emportait la plus ancienne Monarchie d'Europe, la France très chrétienne et jetait en prison ou à l'exil les meilleurs citoyens. La Vierge d'Anis était brûlée : le schisme s'installait à Notre-Dame, l'autel y était pollué par une créature immonde. Mgr de Galard Terraube était exilé en

---

(1) *Tabl. Hist. du Velay*, t. V, p. 218-219. Extrait d'un registre appartenant à M. Thomas Bresson.

Suisse. En vue du Jubilé de 1796, le Pape Pie VI, par un Bref du 29 janvier de la même année, suspendait l'indulgence du sanctuaire angélique, accordait un nouveau Pardon à gagner dans tel temps et en tel lieu du diocèse que les circonstances le permettraient, en évitant le contact des schismatiques. Ce Jubilé durait huit jours et il put être gagné par les expatriés sur la terre d'exil.

« Le Jubilé, dit Caillau, fut renvoyé à l'octave « de la Fête-Dieu, et à celle de saint Pierre et de « saint Paul pour les fidèles qui, pendant la pre-« mière époque, n'auraient pu se confesser et « communier. A la visite de la Cathédrale, on « avait substitué celle de tout oratoire catholi-« que ». Les granges et les cabanes tinrent lieu d'églises.

Le 28 juin, plus de trois mille personnes entendirent ostensiblement la messe à Sainte-Sigolène, la main sur leurs fusils pour résister aux assaillants : ceux-ci, au nombre de deux cents, tournèrent court. — Ce Jubilé, si triste au dehors, produisit au dedans de beaux fruits de salut.

JUBILÉS DE 1842 — 1853 — 1864

Le siège du Puy, un instant supprimé par le Concordat de Pie VII et de Bonaparte, premier consul, fut rétabli en la personne de Mgr de

Bonald, fils de l'illustre écrivain, en 1827. Le 6 août 1841, un Bref de Grégoire XVI confirme à perpétuité le Jubilé anicien et l'étend à douze jours pour l'année 1842 seulement. Mgr Darcimoles tient alors le siège du Puy. Dans une Lettre pastorale, il invite ses diocésains à venir profiter des faveurs jubilaires de Marie dans la *Chambre angélique*. Il rappelle que « les mahométans eux-« mêmes (les Maures d'Espagne) lui envoient des « offrandes pour obtenir de riches moissons et « l'appellent leur dame de France *Nuestra señora* « *de Francia* (1) ».

Ce culte se rattache sans doute au souvenir de Mirat de Mirambelle qui rendit la citadelle de Lourdes à Notre-Dame du Puy. Vincent de Beauvais raconte que « les Sarrasins eux-mêmes ont « honoré de leurs présents » la Vierge d'Anis. Joignez-y la vénération spéciale des Papes et de nos Rois pour l'auguste sanctuaire d'où semblent être parties la victoire de la Pucelle, la victoire de Sébastopol dont les canons, transfigurés en son insigne image, font rayonner Notre-Dame de France, vous aurez le secret de cette appellation qui, si elle convient en quelque sorte à toutes les Vierges-Mères du pays, convient tout spécialement à Notre-Dame du Puy. Jamais nom ne fut mieux

---

(1) Répété par Mgr de Morlhon, en 1853.

porté, soit dans la Chambre angélique, soit au rocher Corneille.

En mars et avril 1842, deux processions devaient se faire, l'une le dimanche de la Passion, dans toutes les paroisses du diocèse ; l'autre au Puy, le jour de la clôture.

Deux jésuites, le P. Peyrard et le P. de Bussy, l'un à la Cathédrale, l'autre au Collège, prêchèrent avec succès une mission préparatoire. La garnison elle-même gagna son Jubilé. Il entra, paraît-il, dans la basilique plus de cent cinquante mille pèlerins.

« Je suis le plus heureux des Evêques », s'écriait Mgr Darcimoles. Les montagnards du Mezenc, hommes, femmes, enfants, partirent le même jour, pour Notre-Dame ; et l'on vit accourir de Saint-Flour quatre-vingt-dix pénitents, malgré la neige qui tombait à gros flocons.

Le lundi 4 avril, assistèrent à la clôture Mgr de Marguerie, évêque de Saint-Flour, Mgr Naudot, évêque de Nevers, et Mgr de Gerphanion, enfant du Puy et évêque de Saint-Dié. Le soir, illumination générale.

Sous Mgr de Morlhon, l'évêque de la *Grande Madone*, en 1853, Le Puy eut un magnifique Jubilé. « Jamais, écrit Monlezun, aux plus beaux
« âges du Christianisme, l'affluence n'avait été plus
« considérable. Les pèlerins furent environ trois

« cent mille. La ville en renfermait quatre-vingt
« mille la veille de la clôture... L'on tint les égli-
« ses ouvertes pour fournir un abri à ceux qui
« n'avaient pu en trouver ailleurs ». — Le Jeudi-
Saint 24 mars, eut lieu la procession d'ouverture :
le lundi 4 avril, la clôture réunit clercs et laïques
dans une magnifique profession de foi.

Mgr de Morlhon se déclara « le plus heureux des
« évêques de France et peut-être de toute l'Eglise ! »
— Les pèlerins de Fay le-Froid, de Pradelles, du
Monastier, des Estables, de Saint-Front, de Saint-
Jean-Lachalm, de Siaugues-Saint-Romain, et les
pénitents de Saint-Flour montrèrent un courage
héroïque, dans la neige et les frimas. A Saint-
Jean-Lachalm, on réunit le gros bétail de la commune ; on le fit suivre des moutons que l'on put
rassembler, et, à la suite de ces pionniers d'un
nouveau genre, les hommes, achevant l'œuvre des
animaux, créèrent un chemin pour les femmes,
qu'on avait eu l'attention de faire marcher en dernier lieu, dans un esprit chevaleresque, religieux,
humain.

Pie IX, dans un Bref du 16 février 1864, confirma à perpétuité le Jubilé d'Anis et lui accorda,
pour cette année seulement, douze jours pleins à
compter du Jeudi-Saint. Mgr Pierre-Marc Le
Breton présida à cette fête religieuse où des cen-
taines de mille âmes ont gagné leur Jubilé. La

mission fut prêchée par les RR. PP. Jésuites ; elle eut le 8 mars une procession d'ouverture où la Vierge noire, qui avait remplacé l'ancienne, fut portée en triomphe par les séminaristes et escortée des selliers du Puy, suivant un privilège immémorial. Le jeudi soir, 24 mars, eut lieu la procession ouvrant le Jubilé. La ville était splendidement décorée et pavoisée. A Notre-Dame, le jour de Pâques, Monseigneur, a, durant près d'une heure, communié les hommes seuls. Ordre fut donné de laisser les églises ouvertes la nuit. Le lundi 28 mars, arrivent les processions par cantons. Les maires et leur conseil accompagnaient le Curé. Le lundi soir, le temps beau jusque-là, change soudain : voici la neige avec ses rafales. Rien n'arrête les pèlerins : de Saint Flour trente pénitents et huit femmes viennent rejoindre leur évêque au Puy. Toutes nos paroisses y furent représentées. Le lundi, 4 avril, la clôture, sous un beau soleil, déroule au Breuil et au Martouret une procession superbe qui s'achève à Notre-Dame. Le soir, illuminations féeriques. Le lendemain, messe d'actions de grâces et offrande par les dames de la ville d'un magnifique cœur en vermeil…

Par un rescrit du Saint-Siège du 13 janvier 1910, Mgr Boutry, évêque du Puy, a obtenu de Pie X la confirmation du Jubilé anicien et sa prolongation à dix-huit jours, du Jeudi-Saint au second dimanche après Pâques inclusivement : cela pour 1910.

A cette occasion, dans une belle Lettre pastorale, Monseigneur du Puy engage vivement fidèles et étrangers à venir en foule au dit Jubilé, à Notre-Dame du Puy ou Notre-Dame de France.

Effectivement, bien que Pie VI ait accordé, sous les conditions ordinaires, aux pieux visiteurs de Notre-Dame du Puy, une indulgence plénière que chacun peut gagner au jour de son choix, une fois l'an, et appliquer aux âmes du Purgatoire comme l'indulgence jubilaire, néanmoins, il y a, dans la solennité et dans les faveurs du Jubilé, plus d'avantages et plus d'édification.

Ainsi, nous ne saurions trop recommander aux fidèles d'accourir au grand Pardon dans les circonstances critiques où nous sommes. L'union fait la force ; l'union des prières peut forcer la main de Dieu, et nous valoir l'équivalent de Jeanne d'Arc.

QUELQUES MIRACLES OPÉRÉS PAR NOTRE-DANE DU PUY

Parmi les anciens sanctuaires, il n'y en pas en France où Marie ait opéré tant de prodiges qu'à Notre-Dame du Puy ; et c'est la raison de l'affluence extraordinaire de pélerins durant des siècles et des siècles, un peu comme à Lourdes aujourd'hui. Les registres qui les mentionnaient et les ex-voto qui tapissaient le sanctuaire ont à peu près disparu par le malheur des temps. Mais nos historiens et nos chroniqueurs ont conservé la mémoire de quelques-uns de ces innombrables miracles, parmi lesquels nous citons les suivants :

Un agriculteur du Velay, Maurice Morison (1402), est abandonné des médecins ; mais il est guéri par la Sainte Vierge d'Anis.

Un Gascon (1473), perclus des jambes, en recouvre l'usage à la suite d'un vœu à la Vierge du Puy.

Un Limousin, Pierre de Gorse (1567), près de mourir, promet de venir à l'église angélique couvert de son suaire. Il guérit, il accomplit son vœu.

Un enfant du Puy se fend la tête en tombant d'un escalier : sa mère, Catherine de Vivonne, invoque la patronne du Velay et sa foi vive sauve l'enfant.

Melchior de Voguë, seigneur de Gourdan, prisonnier à Offembourg, voue un pèlerinage au Puy et peut, malgré les obstacles, recouvrer la liberté.

Louis Licuty, de Saint-Maurice-de-Lignon, est pris et garrotté à Saint-Bonnet-le-Château, il s'échappe grâce à la Vierge anicienne, à qui il apporte ses fers et ses liens.

Un Bourguignon, nommé Bassus, revenait d'un pèlerinage à la Madone : il meurt dans un monastère, à la Chaise-Dieu. Grâce à Marie qu'il était venu invoquer, il revit, refait une confession mal faite et se rendort pour toujours.

En septembre (1501), Jean, duc d'Albany, régent d'Ecosse, abandonné par les hommes de l'art, fut sauvé par Notre-Dame du Puy à laquelle il apporta lui-même un cierge de cent vingt livres et sa couronne d'or.

Antoine Ros, commandeur de Nîmes était mort depuis deux heures ; la femme qui le veillait promit en son nom qu'il viendrait au temple sacré pieds nus et couvert d'un suaire ; le commandeur ressuscita.

C'était au mois de mai 1599. Un Vénitien captif dans l'île de Chio, voit s'éloigner les galères libératrices ; il se recommande à Notre-Dame du Puy, se jette à la mer, sent ses fers se rompre et gagne ses compagnons qui l'avaient oublié. Le 25 août suivant, il dépose ses fers dans le sanctuaire angélique.

A Saint-Yves, près d'Issoire, un enfant se noya dans l'Allier en 1450 ; son père promit son poids de cire s'il ressuscitait. L'enfant ressuscita, mais le père ne put donner que la moitié de la cire.

Dans le Poitou une femme erra sans dommage dans la fournaise ardente d'un incendie parce que son mari l'avait vouée à la Madone anicienne.

Le vœu de porter une maison en cire au temple

angélique sauve de l'incendie à Toulouse en 1382, Adrien Durand et sa femme.

A l'hôtellerie écartée du pont de Tanus dans le Rouergue, un avocat du Puy tombe, en 1606, dans un repaire de brigands ; il échappe à la mort en invoquant la patronne du pays natal.

Nous avons vu dans la basilique parmi les ex-voto, un vœu rendu par la marquise de Polignac pour son fils ; et un autre rendu par Jacques d'Apchier et son chambellan, sauvés de la chute d'un chevron, le 4 juin 1513, et d'autres encore.

Limoges échappe à la peste en 1461; grâce à l'intervention de Notre-Dame du Puy gagnée par l'établissement d'une confrérie en son honneur et par l'offrande de cent vingt livres de cire.

La peste, en 1494, dévastait Bordeaux ; les habitants font célébrer une messe solennelle en l'honneur de Notre-Dame du Puy. Cette invocation et le vœu qu'ils firent arrêta subitement le fléau. Le recteur de Saint-Eloi et ses deux associés accourent au Puy et montent, en chemise, de leur hôtellerie, à la Chambre angélique, font chanter une messe avec pompe, et déposent un cierge de deux cents livres.

La même Madone a détourné le fléau de la peste de Toulouse, de Lyon, (Lyon deux fois), de Montferrand, de Saint-Chamond et de Langogne. Cette dernière ville, en 1723, par une protection

Ex-voto de la Peste.

identique, fut préservée du même fléau qui faisait rage aux environs ; aussi vint-elle solennellement, en grand nombre, remercier Notre-Dame du Puy. Un tableau conservé à la basilique rappelle ce prodige.

Un autre tableau, ex-voto, du 22 avril 1630 où les consuls accompagnent la Vierge en procession, témoigne que la peste au Puy fut chassée par Marie en 1629-1630.

Œuvre de Jean Solvain, ce tableau, d'une belle ordonnance, représente une procession où la de Vierge noire est portée par des clercs autour la place du Fort : les six consuls soutiennent le baldaquin au-dessus de l'Image miraculeuse.

Un second ex-voto, au sujet de la peste, est signé : François Jean du Puy, et daté de 1653. Toujours en robe rouge six consuls, à genoux, sont présentés à la Vierge par saint Roch et saint Sébastien, patrons attitrés contre le fléau. D'un mérite inégal, ces deux grandes toiles racontent la puissance et la bonté de la Vierge anicienne.

Ami lecteur, venez l'éprouver par vous-même, en tout temps sans doute, mais surtout dans le Jubilé. Ayez un peu de la foi qui transporte les montagnes : quelles montagnes d'iniquités ne faut-il point jeter à la mer !

VIERGE CORNÉLIENNE

Mère de Dieu, la Vierge Anicienne s'est en la Vierge Cornélienne (1) comme répliquée, explicitée, extériorisée. La Vierge de saint Louis (et pareillement celle qui l'a précédée), tient son Enfant, source de sa grandeur et de ses privilèges. Ainsi, la Vierge de Corneille. De la maternité divine découlent et l'Immaculée-Conception et la Royauté éternelle. Là-haut, sur le mont, elle écrase le serpent et se couronne d'étoiles : réalisation de la Genèse et de l'Apocalypse. Grâce à son Fils, le soleil de justice, la Vierge géante, Reine et dominatrice, a pris possession des alentours par ces trois satellites : Saint-Joseph de Bon-Espoir à Espaly, — Saint-Michel d'Aiguilhe, — le Cœur priant de Jésus à Vals.

Chose étonnante ! Les incrédules affirment, d'une part, la loi d'hérédité : d'autre part, ils la nient, en niant le dogme catholique. Ils n'en sont pas à une contradiction près. Les hommes naissent avec le péché originel : Marie en a été exempte.

---

(1) Le mont Corneille. *Cornu*, la corne, la pointe : *Kern*, en celtique.

Elle est plus belle et plus pure que la lumière : La définition du dogme, en plein XIXe siècle, — siècle à la fois savant et imbécile — a fait bondir les faux savants : les vrais se sont inclinés et soumis. L'impiété s'indigne devant cette affirmation éclatante : la Vierge colossale de Corneille. Ils veulent ressusciter l'antique règne de Satan que Marie a vaincu et dont on saisit les restes, soit dans les traditions locales, soit dans l'épigraphie, soit dans la toponymie. Ainsi *An + (p)ikium*, l'Esprit du Pic ou le grand Pic ; Ani + doni à l'Esprit de la montagne ; *Aculea* Aiguilhe où trôna Mercure et où les femmes désireuses d'enfants font tinter la cloche de saint Michel qui a remplacé Mercure ; Pod + ani + acus), élévation consacrée à l'Esprit : Es + pal + y dont le rocher figure un *pal* ou *pieu* ; Arbousset, de même ; Flayac encore (Cfr. FLAYEL, dans *Lacurne de Ste-Palaye*) ; la Croix (ansée ?) de la Paille (Cfr. PAILLART) ; Ceyss + ac, lieu de la chasse. Quelle chasse au pieu ? En face, Denise où Bacchus *(Lacurne)* dit clairement le genre de chasse pratiquée dans l'angle d'une vallée étranglée aux Estreys. L'on arrive au même résultat avec an + dun + ise des vieilles chartes : la grande montagne d'Isis ou l'Esprit du mont d'Isis. L'on sait qu'Isis et son époux Osiris, sont inséparables. L'une a fini par réunir les membres dispersés de l'autre, *un seul* excepté qu'elle figurait partout. L'on peut voir dans Cheyrac, dans Chadrac (Chatrac) le siège des divinités. — Et le géant, et le dolmen du sacrifice au mont Anis ! Avec l'éclat du Christianisme, la Vierge Marie a dissipé ces ténèbres impures en une contrée qu'elle a toute à ses pieds et où elle remplit l'attente des druides : *Virgini pariturae*.

C'était au surlendemain de la Définition, le 10 décembre 1854, l'archiprêtre Péala posa sur le pic cornélien la première pierre du piédestal où s'élève aujourd'hui Notre-Dame du Puy, Notre-Dame de France, — c'est tout un même au dire des musulmans d'Espagne. Ce ne sont pas les Jésuites qui ont créé cette appellation. Les canons de Sébastopol et une souscription nationale ont confirmé ce *nom* et nous ont valu le resplendissement aérien de l'Immaculée et de la Reine-Mère comme nous allons le développer dans un double discours.

IMMACULÉE-CONCEPTION
VINGT-CINQUIÈME ANNIVERSAIRE DE LA DÉFINITION PONTIFICALE

Ecce enim ex hoc beatam me dicent omnes generationes.
Voici que toutes les générations m'appelleront Bienheureuse.
(Luc, I, 48.)

Monseigneur, Mes Frères [1],

Ces paroles prophétiques de Marie, l'Eglise les redit tous les jours et elles ont reçu leur accom-

---
[1] MGR LE BRETON.

plissement dans le cours des âges. Toutes les générations, en se prosternant devant le Fils divin de Marie, ont également salué la Mère et l'ont proclamée Bienheureuse : bienheureuse, avant tout, parce qu'elle est la Mère de Dieu ; bienheureuse, ensuite, parce que sa vie entière ici-bas, vie pleine de mérite, d'innocence et de pureté, s'est développée dans un progrès continu allant de clarté en clarté, depuis le jour naissant de la grâce, jusqu'au plein midi de la gloire; bienheureuse enfin parce que seule entre les enfants d'Adam — son Fils excepté — elle a été conçue sans la tache originelle et que l'aurore de son innocence n'est pas sortie, comme pour le reste des humains, de la nuit du péché.

L'Immaculée-Conception ! Déjà l'Ecriture et les Pères nous avaient transmis la révélation d'un si beau privilège. Déjà vers la fin du XIVe siècle; au rapport de saint Vincent Ferrier, l'Eglise, dans sa sainte liturgie, fêtait la Conception de Marie, comme elle fêtait la Conception de Jésus (1). Les Papes favorisèrent constamment, de tout leur pouvoir, une croyance si pieuse et si touchante. Et à peine Grégoire XVI avait-il permis, à la

---

(1) Elle la fêtait même au XIe siècle en Normandie, au Xe en Espagne, au IXe à Naples, au VIIe dans l'église grecque. Péronne affirme le culte au VIIIe siècle pour l'Italie et au Ve pour l'église d'Orient.

demande des Evêques, de fêter l'Immaculée-Conception, que l'Eglise donnait à cette vérité la sanction de son autorité infaillible en en faisant un article de foi.

Grâces à Dieu ! le temps n'est plus où les plus éloquents défenseurs de cette prérogative croyaient devoir s'excuser en ces termes : « Si j'en dis peu,
« je prévois que votre piété n'en sera pas satis-
« faite ; que si j'en dis beaucoup, peut-être sorti-
« rai-je des bornes que les saints canons me
« prescrivent. Je ne sais quel instinct me pousse à
« vous assurer que cette conception est sans
« tache, et je n'ose vous l'assurer d'une certitude
« infaillible. Disons néanmoins, chrétiens, disons
« à la gloire de Dieu, que la bienheureuse Marie
« n'a pas ressenti les atteintes du péché commun
« de notre nature. Disons-le autant que nous
« pourrons avec force ; mais disons-le toutefois
« avec un si juste tempérament que nous ne nous
« éloignions pas de la modestie. Ainsi les fidèles
« seront contents ; ainsi l'Eglise sera obéie. Nous
« satisferons tout ensemble à la tendre piété des
« enfants et aux sages règlements de la mère. »

Non non ; à l'heure où je vous parle, les sages règlements de notre Mère la sainte Eglise ne nous défendent pas, comme au temps de Bossuet, de croire et de publier ce dogme cher à nos cœurs. Ils nous l'ordonnent au contraire depuis le jour

béni où — c'était le 8 décembre 1854 — Pie IX, d'immortelle mémoire, debout au milieu de ses frères dans l'épiscopat, laissait tomber sur le monde ces solennelles paroles. « Par l'autorité de
« Notre Seigneur Jésus-Christ, des bienheureux
« apôtres Pierre et Paul, et par notre propre auto-
« rité, nous déclarons, prononçons et définissons
« comme révélée de Dieu la doctrine qui ensei-
« gne que la très bienheureuse Vierge Marie, dès
« le *premier instant de sa Conception*, fut, par une
« grâce et un privilège singuliers du Tout-Puis-
« sant et en vue des mérites de Jésus-Christ,
« sauveur du genre humain, entièrement préser-
« vée de la tache du péché originel. Telle est la
« doctrine que tous les fidèles doivent embrasser
« d'une foi ferme et constante. »

Ainsi dit Pie IX, et chrétiens d'applaudir. La seconde moitié du siècle payait ainsi son tribut à la Vierge Bienheureuse ; elle exaltait d'autant plus son bonheur, par dessus toutes les femmes et par dessus tous les hommes, qu'elle l'étendait, dans un acte de foi, à *tous* les moments de son existence sans exception. Vous souvient-il avec quel tressaillement, avec quel transport d'allégresse, l'univers catholique reçut l'annonce de cette bonne nouvelle ? Voulant raviver en nous le souvenir d'une date si mémorable, Léon XIII a ouvert le trésor des indulgences à l'occasion du *vingt-cin-*

quième anniversaire d'une proclamation si glorieuse pour Marie, si consolante pour les fidèles.

Je ne doute pas, mes Frères, que, dans un renouveau de piété et de foi, vous ne répondiez à l'appel du Vicaire de Jésus-Christ.

Mais une question se pose ici devant moi. Pourquoi cette date est-elle donc si mémorable ? Sans doute, rien de ce qui touche à une mère ne saurait être indifférent à des enfants bien nés, surtout quand il s'agit d'éloigner d'elle ce qui pourrait ternir l'éclat de sa gloire et de son honneur.

Mais il y a plus : la définition de la conception immaculée de Marie emprunte une exceptionnelle importance aux circonstances qui l'ont nécessitée, et aux bienfaits qui l'ont suivie. Mon dessein est de vous faire voir aujourd'hui combien elle était nécessaire et combien elle a été fructueuse.

Nous verrons mieux, par là, se réaliser dans sa plénitude l'oracle de la Vierge Immaculée : *Beatam me dicent omnes generationes*. Armée d'une prérogative nouvellement définie, la Vierge bienheureuse confond ses ennemis et bénit ses enfants.

En deux mots, nécessité et bienfaits de cette définition, tel est le partage de ce discours pour lequel je réclame, de votre part, une attention bienveillante et soutenue.

PREMIÈRE PARTIE

Ce siècle semble avoir voulu surpasser tous les autres par ses erreurs les plus radicales, par ses négations les plus tranchantes, par son impiété la plus raffinée. Ayant ravi à la nature quelques-uns de ses admirables secrets, il a forcé la vapeur et l'électricité à supprimer, en quelque façon, les distances. Alors, le vertige l'a saisi ; il a cru, dans le délire de son orgueil, qu'il pourrait non moins facilement supprimer les bases éternelles de la religion, de la morale, de la société. Qu'a-t-il respecté en effet ? Sur quelles vérités saintes n'a-t-il point porté une main téméraire et sacrilège ? Le péché originel, la grâce, le Fils de Dieu, Dieu lui-même, l'autorité enfin, il a tout attaqué, il a tout nié.

Oui, je le sais, il faut aimer son temps et son pays : du moins faut-il en avoir pitié, mais c'est précisément parce que l'un et l'autre sentiment m'animent envers eux que je combats avec la dernière énergie l'erreur qui les égare, le poison qui les dévore. Aussi, prenant l'ennemi en face et corps à corps, pour ainsi dire, vais-je m'expliquer dans toute la franchise de mon ministère sacerdotal.

Il a donc dit ce siècle (et avec l'Esprit saint, j'entends ici le siècle mauvais : *sæculum nequam* (1),

---

(1) Gal. I, 4.

c'est-à-dire la portion mauvaise de notre temps), Il a dit : Le péché originel est un mythe, l'homme n'est point déchu, il est aujourd'hui ce qu'il fut toujours : même il vaut mieux que jamais il a au-dedans de lui la justice (1) immanente (ce sont ses expressions) et cette justice ne demande qu'à n'être point gênée, point faussée dans son développement normal, pour produire les fruits merveilleux dans le seul ordre possible, l'ordre naturel, où une loi inéluctable pousse l'homme à un progrès incessant et indéfini.

Donc liberté absolue de penser, de parler, d'écrire et de faire : par-dessus tout, éducation sans Dieu, et arrière le péché originel !

Avec de telles idées, il est évident que la grâce n'est nullement nécessaire, ni pour guérir des blessures qui, nous dit-on, n'existent point ; ni pour élever l'homme à une fin surnaturelle qui, suivant eux, est un non sens. Donc, arrière la grâce divine, elle est au moins inutile sinon fatale à la liberté.

Mais s'il n'y a point de péché originel, s'il n'y a point de grâce divine, à quoi bon un Rédempteur ?

---

(1) « Qu'est-ce que la justice ? L'essence même de l'humanité... Le principe de justice est le fondement de la société et repose dans la *conscience* et non dans le dogme ou dans la loi. » PROUDHON. *De la Justice dans la Révolution et dans l'Eglise.*

Le Fils de Marie n'a pas besoin d'être Fils de Dieu pour nous gratifier d'une rançon fictive, d'une élévation mensongère. Donc arrière l'incarnation et le Fils divin de Marie ! La seule incarnation que la philosophie reconnaisse est celle d'une raison *impersonnelle* (1), comme ils disent, incarnée dans chaque homme, en sorte que tous sont dieux. Et nous voilà tombés plus bas encore s'il est possible que les païens — l'on tombe d'autant plus bas que l'on tombe de plus haut — dans le gouffre du panthéisme et de l'athéisme, car dire que tout est dieu revient à dire qu'il n'y en a pas. Donc, de par le siècle des lumières, arrière la divinité !

Au fond de cet abîme où l'on a fait le vide de Dieu, vide immense que rien ne peut combler, où trouver place maintenant pour l'Incarnation et la Rédemption, pour la grâce divine et le péché originel ? Evidemment, c'est impossible, et le bon sens se perd dans un chaos sans nom.

Est-ce tout du moins ? Hélas ! non. Pour prix de tant de blasphèmes, le siècle en est venu comme un malade qui, sur sa couche de douleur et dans son désespoir, se déchire de ses propres mains, le siècle en est venu jusqu'à se détruire lui-même en niant l'autorité sans laquelle il n'y a jamais eu et il n'y aura jamais de société possible. N'est-ce pas lui qui

---

(1) Cousin.

a dit : Le pouvoir est à tout le monde, c'est-à-dire à personne ? Et afin de bien souligner le sens qu'il attache à ces mots qui sont peut-être susceptibles d'un bon sens, il ajoute... Le pouvoir c'est l'anarchie (1) ? Arrière donc l'autorité. Ni Dieu ni maître, s'écriait Blanqui.

Ainsi a dit le siècle, et méchants d'applaudir.

Il est vrai, de semblables erreurs, de pareilles énormités se réfutent assez d'elles-mêmes. La raison et l'histoire en font amplement justice. Sans faire appel à la Bible que l'histoire nous a transmise mais dont la clarté trop vive blesse, offusque, ou fatigue les yeux du siècle, la raison suffit, d'une part, pour établir que l'homme ne peut vivre sans société, ni la société sans pouvoir ; que le monde ne s'est point fait tout seul ; qu'étant en lui-même changeant et imparfait, il réclame de toute nécessité au dessus de lui un Créateur distinct et personnel ; d'où il suit que l'homme vient de Dieu et qu'il n'est point Dieu. D'un autre côté, les débris épars de la révélation primitive, conservée dans les annales des peuples, nous enseignent qu'un Dieu né d'une Vierge devait venir sauver le monde, lui rouvrir les portes fermées du Ciel et réparer les ruines de l'antique déchéance. Toutes assertions diamétralement opposées aux erreurs que nous venons

---

(1) PROUDHON.

d'énumérer. Même, pour ce dernier point de la chute, bien que Dieu absolument eût pu créer l'homme à l'origine tel qu'il naît aujourd'hui (moins le péché), l'on peut arguer toutefois de sa sagesse et de sa bonté infinie pour dire avec d'éminents théologiens (1) que Dieu, sans la faute originelle, n'eût jamais fait naître l'homme, ce roi des animaux, comme il le fait naître maintenant dans des conditions inférieures à celles de ses sujets. Et saint Augustin concluait de *l'intensité et de l'universalité* de la misère présente (car enfin, qu'est-ce que le temps, je vous prie, sinon, une chaîne dont chaque anneau est fait d'une larme ou d'une faute ? L'on pleure où l'on pèche toujours quelque part), saint Augustin, dis-je, concluait que l'homme était primitivement tombé ! Les païens eux-mêmes avaient abouti à une conclusion analogue, et il faut être un renégat de la révélation pour s'obstiner contre de pareilles évidences (2)

Assurément, aux yeux d'un homme de bonne foi sur qui la science et la raison ont gardé quel-

---

(1) Cfr. PASCAL. *Pensées.*
(2)   Levez, levez les yeux,
    Voyez, au fond des Cieux,
    Cette étoile si belle...
    Oh ! pourquoi tremble-t-elle
    Quand de ses purs rayons
    Elle vient nous baiser, nous qui lui sourions ?

que empire, c'en est assez pour réduire à néant tous les sophismes de l'incrédulité. Mais pour un siècle aussi malade que le nôtre, ce n'était point assez.

Voilà pourquoi Dieu a fait parler ce qu'il y a de plus grand sur la terre : l'Eglise dans la personne de son Chef. L'Eglise a proclamé le dogme de l'Immaculée Conception, et le glaive de la parole divine a frappé le monstre en plein cœur : aussitôt le monstre a rugi, preuve qu'il était touché, preuve aussi, que la définition est venue à son heure.

        Elle sent l'*anathème*
        Qui pèse encor sur nous,
        En dépit du baptême
En dépit du Sauveur qu'on adore à genoux

        C'est que la plénitude
        De la Rédemption
    Pour affranchir tout avec cette certitude
Attend que sonne enfin la *Résurrection*. — A. V.

L'inclinaison de l'axe du monde sur l'écliptique d'où l'inégalité des saisons dérive, Milton l'attribuait à la faute originelle. Poésie ! dira-t-on. Qui sait ? Assurément les lois de la création ont été posées en prévision de la faute, et cela, avec toute la signification que nous pouvons y voir. — En fait, la scintillation des étoiles, due peut-être à l'interférence, n'est point l'ondulation ordinaire de Fresnel, qui, sans à coup sensible, constitue la lumière. Quoi qu'il en soit de cette analogie, la preuve est dans la *Révélation*.

Cinq de ces paroles lui ont fait cinq mortelles blessures.

Ecoutez :

Le Souverain Pontife définissait de sa propre autorité : *Aucioritate nostrâ*, et deux cent millions de catholiques s'inclinaient avec amour devant cette autorité bénie hors de laquelle ils ne voient point de salut. Quoi qu'en ait le siècle il y aura donc toujours, car l'Eglise est immortelle — le passé répond de l'avenir — il y aura toujours au moins une autorité et une autorité nécessaire ici-bas : première parole du Pape, première blessure du monstre.

Cette autorité surhumaine qui fait la joie des bons et le désespoir des méchants a, sans secours humain, sans l'appui des passions, triomphé deux mille ans de la rage de l'enfer et des persécuteurs. Elle a donc sa force et son appui en quelqu'un de plus haut que la nature : ce quelqu'un c'est Dieu, le Dieu Tout-Puissant. C'est lui qui a révélé l'Immaculée-Conception, c'est Lui-même qui l'a faite : *Omnipotentis Dei gratiâ preservatam... â Deo revelatam*. Seconde parole, seconde blessure. Le Dieu qui soutient l'Eglise, de qui vient son autorité, n'est autre que Jésus-Christ Notre-Seigneur, Sauveur du genre humain : *Aucioritate D. N. J. C... Salvatoris generis humani*. Il est vraiment *Dieu* le Fils unique de Marie, car sa Mère est mère de Dieu : *Deipara* : troisième parole, troisième blessure.

Or, c'est en vue des mérites de son Fils divin que Marie a été préservée, par une grâce et un privilège singuliers : *Singulari Dei gratiâ et privilegio... intuitu meritorum Christi.* Il y a donc une grâce divine et une Rédemption en Jésus-Christ. Quatrième parole, quatrième blessure.

Enfin, Jésus étant le Sauveur du genre humain, Jésus étant à un titre spécial le libérateur de Marie dont la Conception, par un privilège sans rival, a été immaculée, il y a donc pour tout le reste des hommes un péché d'origine, une déchéance universelle qui atteint l'homme dans le sein de sa mère au premier instant de sa Conception : *in primo instanti Conceptionis suæ... ab omni originalis culpæ labe præservatam immunem.* L'homme n'est donc pas innocent par nature : le progrès n'est donc pas sans régression ni éclipse. Cinquième parole, cinquième blessure.

Certes, après de telles faveurs authentiquement reconnues pour la première fois, n'est-ce pas à bon droit, que l'Eglise, à une distance tant de fois séculaire, fait écho à la voix de Marie et la proclame bienheureuse et même très bienheureuse : *beatissimam ?*

Si Marie a dû à la Maternité divine le bonheur d'être conçue sans péché, nous devons, nous, à sa

Conception Immaculée, le triomphe sur ce siècle infortuné et ses monstrueuses erreurs.

O glorieux Pie IX ! vous avez bien dit : Oui, oui, Marie est trois fois bienheureuse : du même coup, vous avez vengé Marie, vous avez vengé l'Eglise.

Peut-être, me direz-vous : ce sont là des paroles et les paroles ne sont point des victoires. Détrompez-vous, mes Frères, l'erreur subsiste moins par la valeur intrinsèque que par l'audace de ces négations. Quand l'Eglise définit avec l'autorité de sa conservation miraculeuse et dix-huit fois séculaire, elle oppose l'affirmation divine à la négation infernale. Or le *oui* de Dieu l'emporte toujours en définition sur le *non* de l'enfer, comme la lumière sur les ténèbres. Une simple parole, la parole de Dieu, a créé le monde et l'a fait surgir du néant ; cette même parole le sauvera. Et puis, comme Marie est ici personnellement en cause, n'oubliez pas que la Vierge bienheureuse a terrassé toutes les hérésies : *cunctas hæreses interemisti in universo mundo.*

Du reste, les bienfaits et les fruits de cette définition nécessaire ressortiront mieux dans la seconde partie que je vais développer brièvement, après vous avoir demandé d'adhérer de tout cœur à toutes les vérités que cette définition emporte avec elle et affermit à jamais.

DEUXIÈME PARTIE

Nul doute, mes Frères, que Marie ne paye l'amour et la vénération de ses enfants par d'innombrables bienfaits. Ainsi que Dieu, elle ne se laisse jamais vaincre en générosité : plus elle est honorée, plus elle fait éclater sa protection puissante. Assurément, comme l'a dit notre vénéré Pasteur, ç'a été pour Marie un nouveau fleuron, un des plus beaux fleurons « de sa couronne terrestre », que la définition dogmatique de sa Conception Immaculée. Aussi voyez, si je puis parler ainsi, comme elle s'est montrée reconnaissante, comme elle a fortifié et défendu les deux sociétés, la société spirituelle et la société temporelle, dont la mission divine est de conduire l'homme à travers les difficultés de la vie présente à la vie et au bonheur des Cieux.

L'enfer, déchaîné dans la révolution antichrétienne, entreprend-il de renverser l'Eglise ? Ne craignez point, Marie est là. A la veille de bouleversements sans exemples, d'envahissements scandaleux et de catastrophes épouvantables, l'Eglise s'assemble paisiblement autour du Pontife de l'Immaculée ; les Evêques, accourus de tous les points du globe, fulminent leur anathème contre les erreurs déjà atteintes par la Bulle de 1854 ; et tandis que le mal concentre ses forces de toutes parts comme pour livrer un dernier assaut à la

Cité de Dieu, l'Eglise, suivant le plan divin de son Fondateur, concentre les siennes dans la main du Vicaire de Jésus-Christ. Le Pape est proclamé souverain Pasteur, Pasteur universel et immédiat de tout le troupeau, et des agneaux et des brebis, et des fidèles et des Evêques, soit qu'on les envisage séparément, soit qu'on les contemple dans la majesté de leur cour plénière — le concile. Pierre et Jésus-Christ parleront par sa bouche ; et ses oracles infaillibles, accueillis avec joie par tous les catholiques, auront le privilège d'ébranler le monde et de percer comme l'éclair l'erreur et sa profonde nuit. Que l'on empêche maintenant si l'on veut les conciles : leur voix est tout entière dans la voix du Pape, nul enfant de l'Eglise n'en peut plus douter. Chrétiens ; ne le voyez-vous pas ? C'est la main de Marie qui a élevé ce boulevard pour la défense de l'Eglise : elle a béni le Pontife qui l'avait glorifiée ; et sa définition de la Conception Immaculée lui a valu la définition de son infaillibilité pontificale.

Je ne m'arrête pas à vous montrer la protection évidente de Marie dans le long pontificat de Pie IX, dans l'élection providentielle de Léon XIII, dans les apparitions, soit ailleurs, soit à Lourdes où Marie ne veut s'appeler que l'*Immaculée-Conception* ; je ne vous parle point de nos beaux pèlerinages, ni de nos universités catholiques par lesquelles nous espérons voir, s'il plaît à Dieu, se vérifier cette belle devise : *Lumen de Cælo* : lumière du Ciel (1), et la science profane vaincue par la science sacrée embrassant toutes choses, autant qu'il se peut, dans son immense domaine. Tout cela, j'en suis intimement convaincu, tout cela atteste avec quel soin jaloux la Vierge Immaculée a pris la défense de la société spirituelle.

Quant à la société temporelle, subordonnée à l'autre comme le corps l'est à l'âme, Marie la maintient aussi, autant qu'il est nécessaire pour compléter le nombre des élus.

Vous avez, sans doute, entendu formuler autour de vous des erreurs capitales touchant la société. Plus haut, je vous en ai nommé quelques-unes auxquelles se rattachent toutes les autres. Eh bien! l'Eglise les a condamnées soit au Concile du Vatican, soit spécialement dans le *Syllabus* que Marie nous donnait le 8 décembre 1864, dix ans jour pour jour après la définition de son Immaculée-Conception ; et vous savez que Léon XIII veut qu'on attache, aux actes de ses prédécesseurs, la même importance qu'aux siens, dont plusieurs défendent les bases de la société temporelle. Au

---

(1) N'avons-nous pas eu nos Lapparent et nos Branly etc. ?

milieu de cette fumée qui sort incessamment du puits de l'abîme, beaucoup d'intelligences des meilleures s'étaient laissé obscurcir, beaucoup de cœurs des plus généreux s'étaient laissé entraîner et surprendre. La lumière s'est levée de Rome (1), et les actes pontificaux rasseyant la société sur ses bases naturelles ont dissipé, je ne dirai pas toutes les illusions, hélas! c'est à peu près impossible, mais bien des illusions. On peut le dire en toute vérité : l'Eglise est la gardienne des intérêts du temps comme de ceux de l'éternité. Elle est la cité du Ciel, et n'est-ce pas le Ciel qui fait graviter harmonieusement la terre dans son orbite ?

On l'a dit, avec une grande justesse, et l'on ne saurait trop le répéter : La Révolution antichrétienne ne vit que par le bénéfice de nos idées conservatrices ; elle s'éteindra fatalement, comme la fièvre avec le malade qu'elle consume. Mais alors l'Eglise aura achevé son œuvre et ce sera la fin. En attendant, il nous faut confesser qu'avec son divin Fils, la Vierge Immaculée a sauvé le monde, en sauvant les deux sociétés qui la composent.

Que nous reste-t-il maintenant sinon à célébrer avec toute la ferveur de notre âme, la fête de

---

(1) « C'est du Nord aujourd'hui que nous vient la lumière », écrivait un sinistre flatteur, Voltaire. Non elle ne sort pas de l'hérésie ou du schisme ; elle nous vient de Rome, capitale du catholicisme, du christianisme intégral.

l'Immaculée-Conception, ce touchant anniversaire d'une définition particulièrement chère au cœur de Marie ? Cela convient surtout à nous enfants de son diocèse privilégié, qui avons éternisé, au milieu de nous ses deux privilèges incomparables de la *maternité divine* et de l'*Immaculée-Conception* par un monument que le monde entier nous envie ou peut nous envier à tous égards. Le site est unique au monde. Le symbole représente la royauté que le Fils divin, sur le bras de Marie, fait resplendir au front de la Vierge Mère en lui donnant une victoire intégrale et complète sur le serpent qu'elle foule aux pieds. Le métal est celui de la conquête : deux peuples se sont rencontrés sur un champ de bataille, où ils ont appris à se connaître et à s'estimer. L'un, le nôtre, fut vainqueur alors, et le canon vaincu, le canon russe vint se transfigurer, sur nos montagnes, en un signe de la victoire, en un signe de la paix, en la Vierge Reine et Mère Immaculée. Aujourd'hui, les deux peuples sont frères et amis, ils marchent la main dans la main. Puisse l'Immaculée Dame de France garder cette union pour le bien de l'Europe en général et de la douce France en particulier !

Elevons-lui dans nos cœurs un monument plus durable. Que Marie puisse contempler son image dans notre innocence, dans nos bonnes œuvres et nos vertus. A cette fin, évitons, tout d'abord, le péché, l'éternel ennemi de Dieu et de l'homme. Sa présence en Marie, même au premier instant de sa Conception, et indépendamment de sa volonté (c'est le péché originel) eût flétri assez son existence entière pour que le Fils de Dieu, se détournant d'elle, eût cherché ailleurs une mère plus pure.

Or, mes Frères, c'est le même Fils de Dieu que nous recevons à la table sainte : donc quelle pureté angélique ne doit pas être la nôtre et quelle horreur du péché ne doit pas nous inspirer cet hôte divin! Oui, fuyons le péché et ornons, en outre, notre cœur de grâce et de mérites. Alors, Jésus viendra à nous, les mains pleines de faveurs et de bénédictions : il nous donnera une part au triomphe de Marie, en nous couronnant comme elle d'honneur, de gloire, et d'immortalité. C'est la grâce que je vous souhaite avec la bénédiction de Monseigneur.

Prêché à Notre Dame, au Puy, le 7 décembre 1879.

LE TRIRÈGNE DE MARIE OU SA TRIPLE COURONNE

Salve Regina !
O Reine, je vous salue !
(Antiph. Ecclesiæ).

Il est un Roi qui règne dans les cieux, dit Bossuet, un Roi de qui relèvent tous les empires, à qui seul appartient la gloire, la majesté et l'indépendance ; il est un Roi qui commande en maître et aux Anges et aux hommes et aux éléments, en un mot à la création entière ; un Roi devant qui tout genou fléchit au Ciel, sur la terre et dans les enfers ; un Roi qui, d'une seule parole, opérait ici-bas les plus grandes merveilles, ressuscitait les morts, chassait les démons, convertissait les pécheurs et qui, d'un souffle de sa bouche, tuera son mortel ennemi l'Antechrist ; un Roi que les Anges plus d'une fois vinrent servir ou réconforter et qui, dominant infiniment plus les esprits que les esprits ne dominent la matière, fait mouvoir, avec une égale facilité, les mondes dans l'espace et les esprits dans leurs voies ; un Roi enfin, qui est à la fois le Créateur, l'héritier, le conquérant, l'*alpha* et l'*oméga* de toutes choses ; un Roi par conséquent qui voit tout à ses pieds, tout excepté son Père qui est son chef, *caput Christi Deus,* comme il l'est, lui, de tout le reste. Son titre c'est le Roi des rois, le Dominateur des dominateurs : *Rex regum, Dominus dominantium* (1) ; son nom, je viens de le prononcer, c'est Jésus-Christ le Fils de Dieu, le Verbe incarné, Jésus-Christ, le Roi immortel des siècles et le Roi Rédempteur.

A ses côtés, pour tempérer l'éclat majestueux

---

(1) *Apoc.* XIX, 16.

de sa gloire et le vif rayonnement de sa couronne, se tient une Reine d'une grande beauté, d'une suavité ravissante, d'une grâce incomparable, d'une douceur infinie : *Astitit regina à dextris tuis* (1). Ensemble ils tiennent les rênes de l'empire, ensemble ils partagent la puissance et ses attributs ; et l'une n'emprunte à l'autre qu'afin de secourir notre faiblesse, de revêtir notre dénument. C'est dans les mains de la Reine que le Roi a déposé ses trésors : *Totius boni plenitudinem posuit in Mariâ* : c'est par ses mains qu'il les répand sur toute créature.

Oui, Marie, la mère de Jésus est la Reine que nous saluons en ce jour : *Salve Regina*. En sa qualité de Mère de Dieu, elle est Reine partout où Jésus est Roi. Mais l'un et l'autre règnent, plus spécialement, sur les esprits ; l'un et l'autre règnent, plus spécialement encore, sur les fils d'Eve, sur les pauvres exilés qui, du fond de cette vallée de larmes, lèvent au Ciel un regard d'espérance; l'un et l'autre prêtent une oreille attentive aux appels des pauvres humains. Or, que faut-il avant tout aux pauvres humains ? Il leur faut la vérité dans l'intelligence ; il leur faut l'amour, dans le cœur; il leur faut le succès ou la victoire dans l'action. Sans la vérité, l'homme ignore le

---

(1) *Psalm*. XLIV, 10.

but; sans l'amour, il ne veut pas l'atteindre; sans la victoire, il succombe en chemin. Eh bien ! ces trois secours, ces trois forces si nécessaires à l'homme, l'homme les trouve en Jésus par Marie : Marie, ainsi que je vais vous le montrer, a le front ceint d'une triple couronne ; elle est Reine au beau royaume de la Vérité, Reine au doux royaume de l'Amour, Reine au puissant royaume de la Victoire !

PREMIER POINT

Marie, disons-nous — est Reine au beau royaume de la Vérité ! Ici, j'entends des voix nombreuses dans ce siècle d'indifférence, d'incrédulité, m'arrêter et me dire : Qu'est-ce que la Vérité ? *Quid est Veritas ?* que nous importe que Marie soit Reine dans ce royaume ?

Ecoutez : il y aura bientôt dix-neuf siècles, Pilate posa également cette question ; et, parce qu'il n'attendit pas la réponse, il se rendit coupable du plus horrible forfait, il souilla à jamais sa mémoire en sacrifiant lâchement Jésus le Dieu de toute Vérité. La race des Pilates n'est pas éteinte. Qu'est-ce que la Vérité, dit-on ? mais c'est le premier de tous les biens pour l'homme raisonnable ; la Vérité religieuse notamment est la condition essentielle, le fondement primordial du bonheur et de la vertu. Ne serait-ce donc rien que la vertu et le bonheur ? Eh bien ! enlevez la foi, c'est-à-dire la Vérité religieuse et aussitôt tout s'écroule dans le monde des vertus surnaturelles. « Sans la foi, dit saint Paul (1), il est impossible de plaire à Dieu » — « La foi est, dit le saint Concile de Trente, « le fondement et la racine de toute justification » et par suite du salut et du bonheur. Ainsi l'incrédulité, ainsi l'indifférence en matière religieuse chassent du ciel, et de l'éternelle félicité pour plonger dans l'enfer, et dans le malheur éternel. Que si, poussant plus loin la destruction, l'on s'attaque aux vérités de l'ordre naturel, on arrive, en niant jusqu'à Dieu lui-même la Vérité par essence, on arrive à ébranler l'ordre social tout entier, à tout effondrer dans le néant et le nihilisme : c'est ce que nous voyons poindre aujourd'hui.

Quest-ce que la Vérité ? Mais c'est le soleil brillant de tous ses feux au-dessus de l'horizon, guidant le travailleur de sa lumière, revêtant la nature de son splendide manteau, et faisant circuler partout la sève et la vie. Que le soleil s'éteigne au fond des cieux... aussitôt tout s'arrête : plus de mouvement, plus de vie, partout la mort dans la nuit. Ainsi en est-il dans l'ordre des corps, ainsi en est-il dans l'ordre des esprits.

Qu'est-ce que la Vérité ? Mais, dans son fond,

---

(1) *Hebr.* XI, 6.

c'est Dieu lui-même illuminant tout homme venant en ce monde et communiquant la vie à toute intelligence par sa lumière : *Vita erat lux hominum* (1) : c'est le nom que s'est donné Jésus le Verbe incarné, la Parole éternellement véridique du Père quand il a dit : Je suis... la Vérité. *Ego sum... Veritas* (2) : c'est le nom que lui ont donné les disciples quands ils ont vu en lui le Fils unique du Père plein de grâce et de vérité. *Plenum gratiæ et Veritatis* (3).

Qu'est-ce que la Vérité enfin ? Mais c'est le principe, la source de toute liberté et de toute beauté. On parle beaucoup de liberté à l'heure présente, mais la liberté ne s'élève que sur la Vérité : en dehors de là, l'on n'a plus, sous le nom menteur de liberté qu'une réelle servitude, qu'un honteux esclavage, qu'une licence effrénée. L'on garde encore le nom quand on n'a plus la chose. Comme l'a dit Jésus et comme le prouve l'histoire, la vérité seule affranchit (4) les individus et les peuples ; Il est également certain que le beau est l'épanouissement, le jet, l'éclat et la splendeur du vrai : *pulchrum est splendor veri*.

---

(1) JOAN. I, 4.
(2) JOAN, XIV, 6.
(3) JOAN, I, 14.
(4) JOAN. VIII, 32.

Ah ! ils sentent bien tout le prix de la Vérité, nos modernes démolisseurs ; c'est pourquoi ils voudraient la tuer en Jésus-Christ, l'enchaîner sur les livres du prêtre, l'étouffer et l'éteindre dans l'âme de l'enfant, afin d'établir le règne de l'erreur et du mensonge et d'exploiter à leur profit, dans un trafic infâme, l'humanité abusée... Mais en vain heureusement, car Marie règne et veille au royaume de la Vérité.

Oui, tel est le beau royaume dont Marie est la Reine parce qu'elle est la Mère du Roi, la Mère du Verbe incarné, la Mère de Jésus le Dieu de toute Vérité. Exposée la première aux rayons de ce soleil sans tache et sans déclin, elle est tout à la fois comme son nom le signifie « illuminée et illuminatrice ». Jamais aucune créature n'est allée aussi avant dans les sciences divines et humaines que la Vierge Marie. Elle est le siège de la sagesse : *sedes sapientiæ*, près duquel sont venus s'instruire les Anges, les Apotres, les Evangélistes, les Docteurs, les Confesseurs. C'est elle qui, plus que prophète, les a inspirés tous, et seule a, de son pied vainqueur, écrasé toutes les hérésies du monde entier. Depuis Simon le Mage jusqu'aux Albigeois, depuis Arius Nestorius jusqu'aux Nihilistes contemporains, elle a dissipé ou dissipera toutes les erreurs. Les plus grands génies chrétiens lui doivent, ils l'ont confessé, leurs plus belles inspirations, leurs plus heureuses découvertes : plusieurs mêmes lui ont dû leur intelligence exceptionnelle qu'ils avaient reçue pour la défense et le triomphe de la Vérité.

Reine de la Vérité, Marie l'est encore de la liberté et de la beauté qui en sont des suites nécessaires. En effet, c'est à son Fils, le Dieu-Vérité, que nous devons l'affranchissement du péché, de la mort, de l'enfer ; c'est lui qui brisa les chaînes de l'antique esclavage ; c'est lui qui affranchira les créatures de la corruption à laquelle elles sont maintenant assujetties, pour les faire participer à la glorieuse liberté des enfants de Dieu (1).

C'est à son Fils, le Dieu-Vérité, que nous devons la belle floraison de vertus qui resplendit comme un ciel étoilé au milieu de l'église catholique et là seulement ; c'est lui qui sur le fondement commun de l'humilité élève l'édifice, aux lignes pures et austères, du devoir, de la justice, de la sainteté et le couronne magnifiquement d'une main inimitable, avec toutes les pompes, avec toutes les splendeurs de l'héroïsme.

Bien plus, Marie est en elle-même et personnellement l'honneur et la beauté du monde, elle est, après Dieu son Fils, le chef-d'œuvre, elle est l'océan de la Beauté : devant elle le soleil et la lune, dit saint Pierre Damien, s'arrêtent avec étonnement :

---

(1) Rom. VIII, 21.

cujus pulchritudinem sol et luna mirantur (1). C'est par elle que passe, comme à travers un pur cristal, tout rayon de la beauté créée : *Quidquid post Deum pulchrius... hoc Maria, hoc per Mariam est* (2).

Elle avait sans doute la beauté physique, car rien de repoussant ne convenait à la Mère d'un Dieu, à la Vierge attirante. Cette beauté, don émané de Dieu, mérite sans doute qu'on l'en remercie quand on le possède ; elle a son prix à la condition de n'en point abuser. Mais aux yeux de Marie, la beauté physique le cède infiniment à la beauté morale, la seule, d'ailleurs qui dépende de nous. Or, cette beauté morale, Marie la possède à un degré suréminent.

Les vertus qui l'embellissent, spécialement la Charité qui est la Reine des vertus, lui font une auréole à part, et lui ont valu le nom gracieux de la Reine des fleurs. Vous connaissez la charmante fleur si belle à voir, si suave à sentir, cette fleur le plus bel ornement de nos parterres où elle règne en souveraine — la rose. Marie est une rose au parterre du bon Dieu. *Rosa mystica*. Enfin ses victoires que nous verrons bientôt assurent le bienfait de la vraie *liberté* et consacrent son pouvoir souverain dans tout l'empire du Vrai.

---

(1) Pétrus DAMIAN. *De Nativ. Virginis.*
(2) *S. Bonaventura in Speculo Virginis.*

Ici, notre devoir impérieux, devoir si évident qu'il est à peine besoin de l'indiquer, consiste à nous attacher inviolablement, en dépit de tous les efforts, à la Vérité catholique, que Marie nous a donnée, qu'elle nous conserve, qui nous apporte tout ensemble dans ses bras, la liberté des enfants de Dieu et la beauté morale. Dussions-nous mourir comme les martyrs, dussions-nous donner à la Vérité le témoignage du sang, gardons pour nous et nos neveux la Vérité religieuse, ce premier bien de l'humanité ; restons toujours des sujets croyants dans le beau royaume de la Vérité dont Marie est la Reine.

Mais la vérité ne doit pas être stérile et froide. Il faut que sa chaude lumière fasse circuler la vie et l'amour dans nos cœurs.

DEUXIÈME POINT

Marie est la Reine au doux royaume de l'Amour, parce qu'elle est la plus aimante et la plus aimée des créatures — l'âme de son Fils exceptée. — L'amour de Marie a toute la tendresse, toute la pureté d'un cœur virginal ; il a toute la force, toute l'énergie d'un cœur maternel.

Impossible de comprendre combien est intense l'incendie de son cœur, quelles flammes a jetées son amour pour Dieu et pour les hommes. Pour tout dire en un mot, elle est la Mère du bel Amour :

Mater pulchræ dilectionis (1) : elle est la Mère du Dieu-Charité dont la présence dans ses chastes entrailles les a embrasées d'un feu auquel ne peuvent se comparer toutes les ardeurs des Séraphins.

Marie a aimé en Dieu, un Père, un Fils, un Epoux, vu qu'elle est la Fille du Père, la Mère du Fils et l'Epouse du Saint-Esprit. Combien n'ont pas dû être aimés, un tel Père par une telle Fille, un tel Fils par une telle Mère, un tel Epoux par une telle Epouse ! Ce sont là des mystères d'amour tellement ineffables que la langue des Anges et des hommes ne pourra jamais que les balbutier.

Marie a aimé les hommes et dans quelle mesure ! elle qui a sacrifié pour eux ce qu'elle avait de plus cher mille fois que la vie, son Fils, son Dieu ! Oui, nous coûtons trop à notre Mère pour qu'elle puisse nous oublier jamais, nous les enfants de sa douleur. De vous raconter en détail par quelles grâces, par quelles faveurs, par quelles bénédictions elle nous a témoigné son amour, je ne l'entreprendrai pas : seuls Dieu et Marie le savent et ils auront l'éternité entière pour nous en faire le touchant récit.

Jugez plutôt de son amour par celui dont elle a été l'objet soit de la part de Dieu, soit de la part des hommes. Comme l'amour se paye par l'amour

---

(1) Eccli, XXIV, 24.

(il n'y a pas d'autre monnaie), Marie étant la plus aimée est par là même la plus aimante des créatures. Dieu qui voyait en Marie l'affaire de tous les siècles : *negotium omnium sæculorum*, dit saint Bernard, mit tous ses soins à la combler de ses prérogatives, de ses grâces, à en faire le chef-d'œuvre de ses mains, un abîme de merveilles : *Abyssus miraculorum* (1). C'est dire assez quelle merveille de vertu et d'amour Il en fit avant tout, lui qui estime avant tout la vertu et la charité. Effectivement la fidèle correspondance de Marie aux secours d'En-Haut lui valut cet éloge de la bouche de son bien-aimé : Vous êtes toute belle, ô ma bien-aimée : *tota pulchra es amica mea* (2). Cette beauté affectueuse, reconnaissante, parfaite, immaculée, ravissant encore plus le cœur du Roi d'amour et de gloire, c'était comme un flux et un reflux d'amour que je ne saurais concevoir, encore moins exprimer. Il nous suffit de savoir qu'il en a fait sa mère, une mère de Dieu, qu'il en a fait la Reine du Ciel, la plus accomplie et, si je puis parler ainsi, la plus royale de toutes les Reines au doux royaume de l'Amour. — A mesure que Lucifer tombait des hauteurs de la gloire, il abandonnait, ce semble, dans chaque sphère angélique, un attri-

---

(1) DAMASC. Orat. I. *De Nativ*.
(2) CANT. *Cantic.* IV, 7.

but correspondant de science, de beauté, de puissance ou d'amour. Par une raison contraire, il semble que Marie, au jour de son Assomption, s'avançant la couronne sur la tête à travers les chœurs des Anges, prenait possession, dans chacun, de la royauté et de ses avantages, jusqu'à ce que ayant dépassé les régions brûlantes des Séraphins, elle s'est assise sur son trône à côté du cœur encore plus brûlant d'amour du Roi son Fils. Alors le Roi a déclaré qu'il aimait plus la Reine Mère, à elle seule, que tout le reste de l'Univers, et que c'était en vue d'elle qu'il avait fait le monde et l'Ecriture : *propter hanc omnis scriptura facta est; propter hanc totus mundus factus est* (1) ; et qu'il ne pouvait faire un don plus grand que celui de sa Mère, la Vierge Marie, ce Ciel vivant, plus grand que les Cieux mêmes (2).

Aussi quelle puissante attraction n'a t-elle pas exercée sur l'humanité qui voit en elle un modèle, une avocate, un refuge, une Mère ! Comptez, si vous le pouvez, toutes les confréries, tous les monuments, tous les sanctuaires, tous les pèlerinages, toutes les institutions en l'honneur ou sous le vocable de Marie : dans toutes les zones à toutes les latitudes, d'un pôle à l'autre, les chrétiens

---

(1) S. BERN. Serm. I. *in Salve Regina.*
(2) DAMASC. *De Nativ. Virg.*

l'appellent leur maîtresse débonnaire et bienfaisante Notre-Dame. Sans sortir de cette enceinte, on ferait un volume de tous les indices d'amour dont ces murs ont été les témoins vénérables, nous y reviendrons peut-être quelque jour s'il plaît à Dieu.

Que de papes, que d'empereurs, que de rois, que de pèlerins de tout pays, de toute condition, de tout âge, de tout sexe, sont venus déposer aux pieds de Notre-Dame du Puy, de Notre-Dame de France, et leurs présents et leurs vœux et leurs cœurs ! Non, non, après Jésus, le Sauveur et le Roi du genre humain, nul n'a reçu plus d'hommages de la plus affectueuse tendresse, nul n'a été plus aimé, nul ne l'a été autant que Marie.

Tandis que seuls, parmi les chrétiens, les protestants, refusent tout hommage à Marie, il m'est doux de constater une sorte de compensation parmi les infidèles. Les Mahométans, dans leur Coran, la saluent comme une femme d'une perfection unique ; et, dans le fond de l'Inde ou de la Chine, on l'appelle « la fleur d'Occident ».

Quant à vous, si je m'oubliais jusqu'à vous rappeler à l'amour de Marie, je croirais vous faire injure. Comment un enfant du Puy pourrait-il oublier sa Patronne, sa Dame et sa Mère ? Ah ! j'en atteste votre présence assidue aux exercices de ce beau mois que vous avez rehaussés de vos offrandes et de vos chants et que nous clôturons ce soir dans une splendide harmonie ; j'en atteste les pèlerinages et les cérémonies, qui vous réunissent souvent sur le mont Anis ; j'en atteste les communions que nous voyons avec joie si nombreuses aux fêtes de Marie; non, Le Puy n'est pas prêt d'oublier Notre-Dame, il oublierait plutôt sa main droite. Or tant que Marie sera avec nous, tant qu'elle réfléchira sur nous les rayons chauds et lumineux du soleil de justice, que pourrions-nous craindre ? Car Reine au beau royaume de la Vérité et au doux royaume de l'Amour, Marie est enfin Reine au puissant royaume de la Victoire.

TROISIÈME POINT

Oui, Marie départ la Victoire dans l'ordre spirituel et dans l'ordre temporel. N'est-elle pas, en effet, la toute puissance suppliante, la toute puissance à genoux : *omnipotentia supplex* ? Eh ! que peuvent lui refuser le Père dont elle est la Fille chérie, le Fils dont elle est la digne Mère, le Saint-Esprit dont elle est l'aimable, la Sainte Epouse ? A sa voix tout cède dans le cœur de Dieu et... dans l'univers. Voyez les ex-voto de tout genre appendus aux innombrables sanctuaires de Marie : ils sont pareillement innombrables et témoignent ainsi, dans l'estimation des fidèles, d'innombrables victoires. Les plus importantes, sans contredit, sont celles du cœur ; mais ce sont les moins connues.

Saul ne respirait que carnage au sein de l'Eglise naissante et, par la main de tous les bourreaux dont il gardait les habits, il lapidait saint Etienne. Mais en ce moment Marie priait (1) pour l'Eglise, où pas une grâce n'est accordée sans l'entremise de Marie, et bientôt Saul, renversé sur le chemin de Damas par le Fils de Marie, dépouilla le persécuteur pour revêtir l'apôtre : Paul se leva ou Saul était tombé. Depuis lors jusqu'à l'archiconfrérie de Notre-Dame des Victoires à laquelle nous sommes affiliés et où il s'opère des prodiges dont l'Univers s'étonne, que de conversions obtenues miraculeusement de Marie pour soi ou pour les autres ! Nul n'est sauvé que par Marie et elle sauve qui elle veut : *Quem vis salvus erit* (2).

Mais c'est surtout dans l'ordre temporel que l'histoire a enregistré des victoires éclatantes dues à l'intercession de Marie. Je serais infini, si je voulais raconter tout ce quelle a consigné dans ses pages.

Bornons-nous au rapide aperçu d'une tournée européenne. La Reine de France l'est aussi de l'Europe et du monde.

Constantin bâtit à Byzance une ville qui porte aujourd'hui son nom et la dédie à la Vierge

---

1) CORN. *à Lap.* t. XVIII, p. 183, col. 2.
(2) *Bonavent. in Psalterio Virg.*

Marie. Or, maintes fois, dans la suite des âges, Marie l'a défendue des Huns, des Sarrasins et autres barbares jusqu'au jour néfaste où, se séparant de Marie en se séparant de l'unité catholique, elle tombe sous le joug avilissant des Turcs où nous la voyons gémir encore. Narsès, Héraclius, Basile, Zémisces, Jean Comnène renvoyent à Marie la gloire de leurs succès.

Saint Etienne, roi de Hongrie, consacra à Marie son royaume appelé depuis lors le royaume de la Vierge : « *Regnum Virginis* ». Aussi la Vierge puissante lui a-t-elle fait sentir sa protection spécialement lorsqu'elle arrêta les Ottomans sur le Danube avec les armes victorieuses de Jean Hunyade et de l'Albanais Scanderberg.

A l'aide de Marie, sous son roi Wladislas IV au xvııe siècle, la Pologne repousse aussi les Turcs et sauve l'Europe d'une formidable invasion ; et le grand Sobieski vole à la victoire sous les murs de Vienne en s'écriant : marchons contre les Turcs sous l'assistance de Marie.

Au vııe siècle, Oswald, roi d'Angleterre, écrasa, avec l'assistance de Marie, Cedval, roi des Bretons.

Voici sa prière avant le combat : « Jésus, fils
« de Marie, nous vous proclamons l'unique chef
« de nos armées. O Marie, forte comme une
« armée rangée en bataille, abattez dans nos enne-
« mis, les vôtres et ceux de votre Fils. »

C'est sous les auspices de Marie que le Portugal entreprit la conquête des Indes chantée par un Camoëns ; c'est à Marie qu'il fit hommage, dans des actions de grâces solennelles, de ses conquêtes et de ses découvertes.

Réfugié dans les montagnes des Asturies, à Covadonga, au VIIIe siècle, Pélage n'a avec lui qu'une poignée de braves ; mais il invoque le secours de Marie, et il bat les Maures dans un mémorable combat. Une des plus illustres victoires d'Espagne est celle de Tolosa où Alphonse VIII, dit le Bref (1), roi de Castille, au XIIIe siècle, ayant mis sur ses drapeaux l'image de la Vierge tenant son Fils, sauva l'Espagne de l'invasion mauresque.

L'Italie et principalement le saint siège ont ressenti plus d'une fois les effets de cette protection invincible.

Deux faits nous suffisent. L'Europe était de rechef menacée par les Turcs. A la voix de saint Pie V, les flottes chrétiennes volent se ranger sous les ordres de Don Juan : l'Univers catholique récite le Rosaire et la croix fait pâlir le croissant

---

(1) « Alphonse III de Castille est appelé par les historiens, « Alphonse VIII ou IX parce qu'ils mêlent les Rois de « même nom qui ont possédé les royaumes de Castille et de « Léon, soit conjointement, soit séparément. » Art de vérifier les dates.

dans les eaux de Lépante. Tous les ans, l'Eglise adresse à Marie ses actions de grâces sous le titre de Sainte Marie de la Victoire.

Au commencement de ce siècle, un grand génie, mais un grand despote retenait Pie VII prisonnier. Sans ressource ici-bas contre le César tout puissant, car ici-bas, tout délaisse l'infortune, Pie VII tourne ses regards vers le Ciel et invoque Marie. Bientôt l'aigle impériale va s'abattre au fond de la Russie d'où elle revient mortellement blessée. Elle ne tient plus dans ses serres que de mourantes victoires; et tandis que, au milieu de la joie et de l'allégresse universelles, les bras de l'Italie reportent le pape captif sur son trône pontifical, le tyran découronné trouve son tombeau dans la mer où il avait eu son berceau — car né en Corse, Napoléon est mort à Sainte-Hélène. La fête de Notre-Dame Auxiliatrice perpétue le souvenir de cette heureuse délivrance.

Et maintenant, si nous en venons à la France, notre cher pays, c'est là, semble-t-il, que Marie a fait éclater, d'une manière toute spéciale, la puissance de son bras.

L'armée franque ployait aux champs de Tolbiac, sous l'effort des Allemands, lorsque Clovis, invoquant le Dieu de Clotilde dans le Fils de Marie, obtint la victoire ; bientôt après, notre nation sortait chrétienne du baptistère de Sainte-Marie de

Reims et devenait la grande nation, et le royaume de France était désormais le royaume de Marie : *Regnum Galliæ Regnum Mariæ*.

Abdérame, avec ses musulmans, avait envahi le midi de la Gaule, jusqu'à la Loire. Charles Martel accourt à la tête de ses Francs et rencontre l'ennemi entre Tours et Poitiers. La bataille dura huit jours et le dernier jour qui était un samedi, jour consacré à Marie, Charles Martel les broya sous le marteau de sa vaillance, d'où lui est venu son glorieux surnom.

Charlemagne, au milieu des combats, portait habituellement sur la poitrine une image de la Sainte Vierge : c'est avec son secours, qu'il prit la Navarre aux Sarrasins et refoula les barbares à l'Est de son empire ; il conquit la forteresse de Mirat à Lourdes, grâce à la Vierge Anicienne. Au chant du *Salve Regina* composé par l'évêque du Puy Adhémar de Monteil, légat de la croisade, Godefroy de Bouillon, également brave et pieux, enleva Jérusalem aux infidèles. C'est grâce à Marie que furent remportées les glorieuses victoires de Bouvines, de Mons-en-Puelle, de Cassel, de Rosebecque.

Proche d'ici, était retiré Charles VII, surnommé par dérision le roi de Bourges ; il était presque seul, le malheur a peu d'amis. L'Anglais occupait la plus grande partie de la France. Charles

VII fait un vœu que lui seul et Dieu connaissent, il vient se prosterner aux pieds de Notre-Dame du Puy, où vint aussi Romée Isabeau, mère de Jeanne d'Arc (1429); et voilà qu'une vierge suscitée du ciel accourt de la Lorraine, du modeste sanctuaire de Notre-Dame de Bermont. Elle n'entend rien au métier des armes, elle vient de derrière ses troupeaux, mais sur son étendard, elle écrit ces deux mots *Jhesus Maria*, tandis que les siens accourus au Jubilé du Puy, versent d'abondantes prières aux pieds de Notre-Dame. Aussitôt son génie militaire étonne les vieux capitaines : tout cède à sa vaillance. Jeanne d'Arc fait lever le siège d'Orléans, sacrer le roi à Reims ; lorsqu'elle est brûlée vive à Rouen, délaissée par son ingrate patrie, les flammes de son bûcher éclairent la fuite et la déroute des Anglais. Pour se réhabiliter enfin en 1909, la France a obtenu du Pape la béatification de Jeanne la Pucelle immortelle, la grande française, la céleste libératrice. Louis XIII consacra la France à Marie par un vœu que l'on observe encore là où les processions sont libres ; et sous son fils, fruit du vœu national, sous le grand Roi Louis XIV, à une époque critique de ce règne glorieux, Luxembourg se leva, et devint, grâce à ses victoires et aux drapeaux enlevés à l'ennemi, le « grand tapissier » de Notre-Dame.

Voici un fait qui intéresse plus directement le

Puy. Voulant ériger à Marie ce monument incomparable, orgueil de la cité qu'il domine, Notre-Dame de France, un de nos Evêques, Mgr de Morlhon, va demander à l'Empereur les canons de Sébastopol. Comme celui-ci objectait qu'ils n'étaient pas encore pris. « Ils le seront », repart l'Evêque ; et, trois jours après, le 8 septembre, fête de la Nativité de la Vierge, Sébastopol était pris.

Bientôt le métal de la conquête faisait resplendir dans les airs, en proportions gigantesques, l'image majestueuse de la Vierge Marie, Reine de la Victoire, Reine de la France et du monde, qu'elle bénit par la main divine et dans le sourire divin de son Fils, du haut de son roc Cornélien ou Anicien (1).

---

(1) Notre-Dame de France au Puy (Haute-Loire).
Hauteur et dimensions de la Vierge et du rocher.
Longitude Est : 1°32'55". Latitude Nord : 45°2'54".
Hauteur du rocher au-dessus de l'Hôtel-de-Ville 132 m. et 757 m. au-dessus du niveau de la mer : la couronne à 780 m. environ. Hauteur de la statue : 16 m. Son plus grand périmètre est de 17 m. ; le poids de la statue est de 110.000 kilogrammes. Elle se compose de 105 pièces principales et de 900 pièces accessoires. La tête de la Vierge a 1 m. 50 de diamètre ; la chevelure a 7 m. de longueur ; un des pieds pèse 3.100 kilogrammes et a 1 m. 90 de longueur ; l'avant-bras a 3 m. 75. Les principales pièces varient dans les poids de 1.200 à 1.800 kilog.

Enfin l'histoire locale mentionne de nombreuses victoires ou délivrances du Puy menacé par les infidèles ou les hérétiques. Tous les ans au

---

Dans l'intérieur, il y a 107 marches d'escalier pour arriver à la couronne. La hauteur du piédestal est de 6 m. 70 ; son poids est de 680.000 kilog. (rien que la bâtisse) ; son revêtement en fer pèse 45.000 kilog.

Sur le front de la Vierge, la plus grande étoile a, m'a-t-on dit, environ 0 m. 70 de hauteur ; les autres, 0 m. 50 environ. Elles descendent naturellement au-dessous du sommet du crâne, pour s'élever plus haut.

Sans compter les rampes et les rigoles en ciment (une dizaine) peu élevées, il faut franchir 277 marches ou échelons jusqu'à la calotte de la Vierge.

Statuaire Bonnassieux (de Panissières) ; fondeur Prenat ; architecte, le curé Eynac.

La statue Notre-Dame de France fut inaugurée le 12 septembre 1860, au milieu de 150.000 spectateurs. On y vit 10 Evêques, 3 Archevêques dont un Cardinal qui justifia le titre de *Notre-Dame de France*.

Le piédestal porte 8 inscriptions : sur l'une de ses faces regardant la ville, on lit le début de l'antienne du Puy (de Podio), composée par son Evêque Adhémar du Monteil :

Salve Regina.
(O Reine ! Je vous salue).

N.-B. — 170 marches pleines conduisent sur la cime de Corneille, devant la statue ; le piédestal a 33 marches en pierres ; la statue 58 marches en fer plus 16 échelons en fer ; donc 107 degrés dans le monument. L'escalier au flanc de Corneille se décompose ainsi : 1er palier, 27 marches ; 2e, 18 ; 3e, 20 ; 4e, 17 ; 5e, 15 ; 6e, 16 ; 7e, 13 ; 8e, 22 ; 9e, 11 ; 10e, 10 ; plus une marche devant la statue.

Notre-Dame de France

1ᵉʳ décembre, une fête et une procession commémoratives nous rappellent ce souvenir, et nous avons la douleur de compter bien peu d'enfants du Puy à cette fête de famille, inspirée par la reconnaissance. Et pourtant les enfants du Puy aiment tant leur Mère et leur Patronne !

Ainsi donc Marie a véritablement une triple couronne, elle est Reine trois fois. Sa royauté s'étend sur les intelligences, sur les cœurs et jusque sur la force.

Elle règne sur les intelligences : et les Anges et les hommes acclament sa souveraineté. Tandis que nous lui disons ici-bas : O Reine ! Je vous salue. *Salve Regina !* les Anges là-haut chantent en chœur : Réjouissez-vous, ô Reine des Cieux ! *Regina celi lœtare alleluia.*

Elle règne sur les cœurs par ses qualités personnelles et le charme, la beauté suréminente de ses vertus. Elle a vaincu, elle a conquis le cœur des créatures humaines ou angéliques ; elle a vaincu, elle a conquis le cœur de son Créateur et de son Dieu.

Elle règne enfin sur la force, elle la plie, elle la mène, elle la subjugue, elle la maîtrise par la victoire. Tout ce qui n'est pas Dieu a ressenti, à son avantage ou à son détriment, la vaillance, la force invincible de son bras. Elle convertit le pécheur ; elle conserve, elle préserve le juste ; elle abat, elle foule aux pieds le rebelle impénitent.

O Marie, qui dira vos grandeurs, vos vertus

royales! Marie est, à tous les points de vue, la clef de voûte de la création. Elle est la Reine-née des pures créatures qui doivent incliner devant elle leur esprit et leur cœur, tout leur avoir, tout leur être. Reine par le droit de naissance, elle l'est aussi par le droit de conquête ; car si Dieu, dans les décrets de sa prédestination, l'a mise à la tête de ses œuvres et au commencement de ses voies, à son tour elle a tout subjugué par l'irrésistible ascendant de son mérite, de ses vertus, de sa puissance.

Si donc nous avons Marie avec nous, qui sera contre nous ?

A l'heure où, battus par tous les vents de la tentation, vos cœurs semblent ployer sous les coups de l'orage ; à l'heure où les écueils de la tribulation et de l'épreuve semblent prêts à mordre, à briser votre frêle esquif, levez, levez les yeux, voyez l'étoile au-dessus des flots et priez Marie ; *Respice stellam voca Mariam ;* dans les dangers, dans les angoisses et les circonstances critiques, que Marie soit au milieu de vos pensées, *cogita Mariam ;* que son nom raisonne doucement sur vos lèvres, *invoca Mariam.* Marie vous donnera assistance et appui, elle vous éclairera, elle vous consolera, elle vous délivrera.

Douce et puissante Reine, ô Marie! source à la fois et d'amour et de science et d'espoir, voyez baisser le jour et les ombres monter : Ah! demeurez avec nous, vous et votre fils, car il se fait tard : *Mane nobiscum quoniam advesperascit.* Une nuit de plus en plus sombre hélas ! s'abat sur l'Europe chrétienne, sur notre chère France en particulier. Il fait nuit en Europe dit-on ; cette nuit vient de l'Aquilon, elle vient du Nord, c'est-à-dire des contrées où trônent le schisme et l'hérésie, car les pays plus proches de Rome semblent mieux protégés dans leur foi qu'aujourd'hui d'ailleurs l'on attaque partout avec une audace infernale.

A la faveur des ombres, des reptiles venimeux s'élancent de leur repaire ; ils font entendre à nos oreilles leurs sinistres sifflements. Il fait froid, sous ces ténèbres glacées ; le frisson de l'égoïsme gagne et envahit les cœurs, les meilleurs eux-mêmes ont de la peine à s'en défendre. La vérité s'en va, la liberté s'en va, la justice s'en va, la beauté morale s'en va, l'union s'en va, le bonheur s'en va. Mon Dieu ! où allons-nous nous-mêmes ? à la dérive ? A mesure que nous nous éloignons de la charité, de la vérité catholique, la victoire, par contre coup, s'éloigne de nous et nous trahit. A quoi bon en effet une France, qui en reniant son Baptême, renierait son berceau d'où est sortie la victoire.

O Marie ! vous le voyez, bien grands sont les maux qui nous oppressent, plus grands encore peut-être sont les maux qui nous menacent ; mais souvenez-vous que votre Fils a fait les nations guérissables. Mère admirable ! Sauvez-nous, nous et les nôtres. Sauvez l'Eglise, sauvez la France, notre douce patrie, montrez à tous les yeux que si elle tombe, c'est comme la foudre, « qui se relève et gronde au haut des airs (1) », prête à éclater, prête à fondre et à frapper où a marqué le doigt de Dieu ; car la France a été, et espérons-le, elle sera toujours le soldat de Dieu dans le monde, l'arme intelligente et brave aux mains de Dieu.

Elle est toujours votre royaume de prédilection, qu'elle soit toujours « le plus beau royaume du monde après celui du Paradis (2). » Si jamais — ce qu'à Dieu ne plaîse ! — l'on accomplissait ce souhait exécrable de vous enlever l'âme de la France, en vous enlevant l'âme de ses enfants, oh ! alors comme la lionne, privée de ses petits, pousse des rugissements qui ébranlent le désert, vous pousseriez un cri où vibrerait tout votre cœur maternel, un cri qui ébranlerait les portes du Ciel avec tous ses échos et tous ses habitants ; et votre Fils le Roi du Ciel et de la terre, votre Fils le Roi de l'Univers, votre Fils Jésus Dieu, Fils de Dieu, se levant de son trône vous rendrait vos enfants en les ravissant à leurs ravisseurs, et la France serait sauvée... Reine de la France ! vous ne lui devez pas moins. Vous que

---

(1) Bérenger.
(2) Grotius.

à un titre spécial ici surtout, elle salue par ma bouche à la fin comme au début de ce discours. *Salve Regina* !

Oh Marie ! regardez et bénissez cette nombreuse assistance, ne songez aux absents que pour les rapprocher de notre cœur. Puissions nous tous ici être toujours pour notre Mère des enfants dévoués, et pour notre Reine des sujets fidèles, afin de recevoir un jour, de votre main maternelle et souveraine, la couronne de gloire et d'immortalité. Ainsi soit-il !

Prêché à Notre-Dame du Puy, le 31 mai 1881
(avec variantes).

SATELLITES

SAINT-JOSEPH D'ESPALY

Notre-Dame du Puy ou de France domine à a Cathédrale et au-dessus. Elle a des fiefs immédiats, des satellites principaux : Saint-Joseph de Bon-Espoir à Espaly, Saint-Michel d'Aiguilhe, le Cœur priant de Jésus à Vals.

D'abord saint-Joseph, le virginal Epoux de Marie, dont l'artiste Besqueut, enfant du pays, déjà connu par des œuvres remarquables [1] a sculpté la statue monumentale qui suivant les vœux de Mgr

---

[1] Entre autres, le Prêtre, marbre divin au Musée religieux.

de Morlhon, couronne déjà, en attendant la bénédiction prochaine. le rocher d'Espaly.

Ce rocher, à pic sur la Borne, vers le confluent du Riou-Pesouliou (le ruisseau pouilleux (1) aux poux cristallins de zircons et de saphirs) a eu jadis ses gloires qui semblaient préparer celle d'aujourd'hui. Suivant la *Gallia Christiana*, le castel et ses dépendances furent donnés à Notre-Dame du Puy, en la personne du son Pontife Odillon de Mercœur (1197) par le *toparque* ou Seigneur d'Espaly, Bertrand, *toparcha de Espaleto* (2). Guillaume II de la Roue vers 1270 jeta les fondements du *Château-fort*. Ithier de Martreuil, en 1394, y reçut royalement Charles VII. C'est au château d'Espaly que le Dauphin, depuis Charles VII, apprit en 1422 la mort de son père et fut acclamé Roi. Charles VII visita souvent Notre-Dame du Puy, dont il fut chanoine. Il obtint de Martin V en 1428, la prorogation du Jubilé anicien de 1429. Jean IV de Bourbon († 1485), releva les ruines des châteaux d'*Espaly*, de Monistrol et d'Yssingeaux (3).

---

(1) *Pesolhos*: Pouilleux. RAYNOUARD. *Lexique Roman*.

(2) On rapporte à cette époque (de Bertrand I de Chalencon) la donation faite à l'église du Puy de la baronnie de Solignac et de la terre d'Espaly (MONLEZUN, p. 170). — (Louis DE VINOLS, p. 91 (note), dit : En 1198. Bertrandus de Spaleto, donne Espaly à Bertrand de Chalencon.

(3) MONLEZUN, p. 176.

En 1495, Godefroy de Pompadour fêta Charles VIII, à Espaly. Renversés par les religionnaires en 1552, les remparts furent rendus par capitulation en 1574, sous Antoine II de Senectaire. Celui-ci releva les tours et s'y enferma pendant la Ligue qu'il ne voulut point suivre. Sur ce rocher furent tenus en 1425, les Etats généraux du Languedoc, et diverses assemblées des Etats du Velay, les 3, 5 août et 10 novembre 1589. « Espaly devint l'asile des « *politiques* opposés aux ligueurs : ce qui donna « occasion à ces derniers d'appeler ce bourg le *petit* « *Genève* (1) ». Mandet écrit : la *petite Genève*. Le baron de Saint-Vidal en fit sauter les voûtes, 1590. Refortifié par Chambaud, le château capitula en 1591 aux mains des ligueurs, et fut complètement rasé en 1601 : le Père Nampon dit en 1593 *(Hist. de N.-D. de France*, p. 230.)

Aujourd'hui on y voit une grotte-chapelle où le culte de saint Joseph s'épanouit merveilleusement, en face de Notre-Dame de France par les soins d'un zélé directeur qui a acheté tout le rocher, M. l'abbé Fontanille, chanoine honoraire de Troyes.

Depuis le jour où en 1855, une pieuse béate, Anne-Marie Buffet, y avait placé et fêté une image de saint Joseph, ramassée entre deux pavés dans une ancienne rue du Puy, les foules sont accourues

---

(1) ARNAUD, t. I, p. 464 et BUREL, p. 153.

sur le rocher, dont la transformation est totale et que déjà couronne la belle œuvre de Besqueut : *Saint-Joseph de Bon-Espoir*. Les pèlerins de Notre-Dame de France ne peuvent manquer d'aller saluer à Espaly le Patron de l'Eglise universelle chanté ci-après.

DISCOURS SUR SAINT JOSEPH

Ite à Joseph.
Allez à Joseph.
(Gen. xli. 55.)

Comme la lutte est la condition de l'humanité sur la terre, l'Eglise militante ne pouvait échapper à cette loi. Aussi a-t-elle toujours eu, sur son chemin, des ennemis à combattre, des persécutions à essuyer. Mais à la fin des temps l'ennemi ramassera toutes ses forces ; il se fera, contre la vérité, une conjuration si terrible que le Fils de Dieu a pu demander s'il y aurait un reste de foi sur la terre lors de son deuxième avénement, et qu'il faudra abréger l'épreuve en faveur des élus.

Bien des signes nous font croire que nous touchons à ces temps prédits dans nos Saints Livres. Quelle distance nous sépare encore de la fin ? C'est le secret de Dieu. Mais à la vue de l'impiété toujours croissante, à la vue de cette rage de l'enfer contre Jésus-Christ ; à la vue de cette vaste conspiration qui enveloppe le monde de son réseau ténébreux ; à la vue de ces puissantes machines dressées contre l'édifice chrétien, qu'elles avaient mission de défendre ; à la vue, en un mot de cette concentration du mal, dans une seule main et dans une seule tête, concentration qui n'est pas encore achevée mais qui s'effectue chaque jour davantage ; à la vue, dis-je, de ces pronostics funestes il n'est pas douteux que nous ne marchions rapidement vers la fin et que l'humanité ne soit emportée à la dérive par le courant qui la jettera bientôt à l'abîme où se clora son histoire ici-bas.

Grand Dieu ! dans ce pressant danger allez-vous nous laisser sans secours, sans appui, sans défense ? Ne défendrez-vous pas votre Eglise ? Rassurons-nous, l'Eglise a des promesses, elle ne périra pas. Et voici quel est son défenseur : c'est Joseph dont nous fêtons aujourd'hui le Patronage. Une voix du Ciel nous crie, ce que jadis le Pharaon disait à son peuple : Allez à Joseph : *Ite ad Joseph.* C'est lui qui sauvera le peuple de Dieu. Certes, il convenait qu'après avoir si bien servi au premier avènement de Jésus-Christ, il servît encore au second, et qu'après avoir heureusement fait la transition entre les deux testaments, il la fît aussi heureuse entre ce monde et l'autre. C'est pourquoi Dieu nous dit : Allez à Joseph.

L'Eglise a entendu la voix de Dieu disant :

Allez à Joseph, et non seulement elle lui a érigé des autels et des oratoires, non seulement elle a établi des confréries et des congrégations en son honneur ; mais encore elle s'est mise, nommément, sous son patronage ou protectorat.

Il y a quatre siècles, un pieux personnage (1) avait dit : « Dieu, vers la fin des temps, suscitera
« Joseph pour la gloire de son nom afin d'être au
« milieu de ce redoublement d'épreuves, le Chef
« et le Patron tout particulier de l'Eglise mili-
« tante... Or le 8 décembre mil huit cent soi-
« xante-dix, Rome portait un décret conçu en ces
« termes : En ce temps de malheur, attaquée de
« tous côtés par ses ennemis, l'Eglise subit de
« telles calamités que les hommes impies croient
« voir enfin les portes de l'enfer prévaloir contre
« Elle ; aussi les vénérables prélats de tout l'uni-
« vers catholique, ont-ils adressé au Souverain
« Pontife leurs prières et les prières des fidèles du
« Christ confiés à leurs soins, lui demandant de
« proclamer saint Joseph, patron de l'Eglise catho-
« lique. Dans le saint Concile œcuménique du
« Vatican, ils ont renouvelé plus ardemment
« encore, ce vœu et cette demande ; et le Pape
« Pie IX, ému de la situation déplorable, suite des
« événements les plus récents, a voulu remplir le

---

(1) ISOLANI (1480-1550).

« vœu des Evêques, et se mettre, lui et les fidèles,
« sous la très puissante protection du saint patriar-
« che Joseph. C'est pourquoi il l'a proclamé
« solennellement : *Patron de l'Eglise Catholique.* »

Puis donc que Joseph est le Patron de l'Eglise, qu'il est le défenseur que nous cherchons, le protecteur que la malice des temps nous rend si nécessaire, laissez-moi me faire l'écho du Ciel et du Vatican et vous dire à mon tour : Allez à Joseph : *Ite ad Joseph* : Vous trouverez en lui un protecteur assuré. Si je voulais vous exposer en détail tout ce qu'embrasse la protection de cet illustre défenseur, je serais infini. J'aurais voulu m'arrêter à deux points qui d'ailleurs résument tous les autres, et sur lesquels, vu qu'ils sont spécialement attaqués, nous devons spécialement porter la défense. La famille, le sacerdoce, c'est-à-dire la base, d'une part et de l'autre, le sommet de l'édifice catholique. Voilà bien le double objectif de la défense et de l'attaque : et voilà aussi le double objet éventuel de votre attention.

Je dois aujourd'hui me borner au premier point.

Parlons d'abord de la famille. L'ennemi ne s'y est pas trompé ; avec la clairvoyance dont il est doué, il a parfaitement compris que pour tarir le fleuve, il faut tarir la source et que pour déchristianiser le monde, il faut déchristianiser la famille ;

car il est évident pour tous que la famille chrétienne fournit à l'Eglise chrétienne son élément primordial et que le jour où la famille ne fournirait plus cet élément à l'Eglise, l'Eglise aurait cessé d'exister. Il s'est donc tourné contre la famille, et, avec une fureur indicible, il s'acharne à la détruire : le lit nuptial, le berceau, la tombe, toutes choses réputées saintes chez les païens eûxmêmes, il veut tout profaner, il veut tout souiller, il veut tout déshonorer : à tout prix il veut en écarter la religion qui plus ou moins, y présida toujours.

Ainsi il ne veut plus de bénédiction pour le mariage. Suivant l'institution de Jésus-Christ, l'Eglise, en donnant au mariage sa consécration, l'élève par là-même à la dignité de sacrement; elle sanctifie l'alliance de l'homme et de la femme; elle les unit tous les deux d'un lien indissoluble. Seule la mort peut séparer ce que Dieu a joint. Mais, d'une part, c'est trop d'honneur à l'homme, et surtout trop d'autorité à l'Eglise ; et, d'autre part, c'est trop de gêne pour les passions. Or, tant que les passions n'auront pas un libre cours, tant que l'Eglise projettera seulement son ombre sur le foyer domestique, tant que le sentiment de l'honneur forcera l'homme à se respecter lui-même, le triomphe du mal ne sera point complet, la Révolution (il faut bien l'appeler par son nom puisque, c'est en elle que l'ennemi s'est incarné), la Révolution sera impuissante à consommer son œuvre : elle sera fatalement vaincue. Elle s'attaque donc au mariage tel que Dieu l'a fait ; elle ne veut rien moins qu'en rompre le lien ou plutôt elle veut faire qu'il n'y ait plus de lien mais, le vocabulaire n'a pas d'expression plus exacte, un simple concubinage, c'est-à-dire, une union libre, une rencontre fortuite, passagère et brutale comme chez les plus vils animaux. Ah! je reconnais là ces hommes annoncés par saint Paul, qui doivent, sur la fin des temps, prohiber le mariage : *Prohibentium nubere.* (TIM. IV, 3). Epouses chrétiennes, pauvres épouses que l'Eglise a relevées de l'abjection antique pour vous couronner de gloire et d'honneur, que deviendrez-vous, dites-moi, sans la protection sainte du mariage, aux mains d'un homme sans cœur et sans foi ? La conscience, l'honneur, la sécurité, tout est perdu pour vous, si de pareilles doctrines viennent jamais à prévaloir ; et c'en est fait du peu de bonheur que le péché d'Adam vous avait laissé encore sur la terre. Vos maux s'aggraveront sans mesure, et, par une ironie sanglante, c'est là ce qu'on appelle votre émancipation !

Femmes chrétiennes ! comprenez bien, dans toute son étendue, le malheur qui vous menace et qui menace en vous l'Eglise tout entière. Ne vous laissez point séduire à ces discours menteurs et

Saint-Joseph de Bon-Espoir à Espaly.

hypocrites : *Videte igitur ne seduca mimi* (Luc. xxi 8). Que l'instinct de la conservation nous pousse aux pieds de Joseph. De son vivant, il était le Chef de la Sainte Famille qui comptait avec lui, Jésus et Marie ; il s'y est conduit en tout avec tant de perfection qu'il a mérité d'être, à la fois, le modèle et le patron de la famille chrétienne. Effectivement vous n'ignorez pas que le pouvoir des saints, dans le Ciel, s'exerce d'une manière spéciale, dans les choses où ils ont excellé. Aussi, pour vous montrer comment Joseph protège et défend la famille chrétienne, je n'aurai qu'à vous faire voir comment il s'est comporté dans la sienne.

Pour le lien conjugal qui nous occupe en ce moment, il n'est pas douteux qu'un si saint homme, à qui l'Esprit-Saint donne le nom de juste, ne se soit conformé en tout aux lois de sa religion et de la prudence ; il n'aurait pu, sans scandale, passer sa vie dans l'intimité la plus profonde avec une jeune Vierge, d'une admirable beauté, et Marie, de son côté, n'eût pas consenti d'habiter avec lui, au détriment de sa réputation, sans la célébration d'un mariage véritable. Saint Luc, du reste, dit expressément que Marie était la femme ou l'Epouse de Joseph. (Luc, ii, 5). Tel est le sentiment de saint Augustin et autres Pères ou Docteurs. Voilà donc Joseph l'époux réel de la

Vierge Immaculée : le vœu de virginité qu'ils firent l'un et l'autre ne nuisit en rien à la stabilité du mariage : il en fit seulement un mariage sans pair jusque-là, mais que bien d'autres devaient imiter plus tard, comme sainte Cécile et Valérien, saint Edouard et Edith en Angleterre, saint Henri et Cunégonde en Allemagne. Puisque saint Joseph a contracté si saintement les engagements du mariage, demandons-lui de défendre le contrat qui, nous dit Pie IX, ne peut aller, chez nous, sans le sacrement, et ne peut par conséquent se soustraire à l'Eglise ; supplions-le ardemment d'écarter de nos lois les entraves de l'impiété ; demandons-lui d'écarter de nos mœurs les habitudes d'une union dont le nom seul est une honte. Espérons qu'il nous exaucera. Après le lit nuptial, c'est au berceau qu'en veut la Révolution. Eh ! que lui a donc fait cet enfant chrétien, qu'une mère chrétienne presse dans ses bras, qu'elle couvre de ses caresses et de ses baisers ? Assurément, s'il est quelque chose dans la famille de touchant et de doux, c'est la vue de ces petits êtres en qui se concentre religieusement l'affection d'un père et d'une mère et sur qui reposent l'espoir et l'avenir d'une maison. Régénéré au baptême, devenu le frère ou la sœur des Anges, cet enfant laisse voir, à travers son regard limpide, la tranquillité céleste de son âme et comme un coin du Paradis. C'est pour cela qu'il vous charme; c'est pour cela que vous l'aimez : hélas ! et c'est pour cela aussi que le hait le génie du mal ! Cet enfant est le rejeton de la famille chrétienne, il ira quelque jour grossir l'armée ennemie : Sus à l'ennemi !

Déjà le sceau du Baptême et l'espoir du Paradis en ont fait l'ennemi de la Révolution. Ce qu'elle veut avant tout, c'est d'éloigner les enfants du Baptême, afin qu'ils n'appartiennent pas à l'Eglise ; ce qu'elle veut, c'est quand elle le pourra, de noyer dans le sang tout enfant baptisé plutôt que de compter un ennemi de plus. Ainsi, les Egyptiens noyaient dans le Nil tout enfant mâle des Hébreux. Ce qu'elle veut en dernière analyse, c'est de tarir le flot des générations humaines s'il ne doit point couler pour elle. Non, quand elle veut mettre la main sur le mariage et le soustraire à l'Eglise, quand elle prescrit la limitation systématique et coupable de la famille, elle n'a pas d'autre but. Pour y atteindre, elle soulève dans le cœur de l'homme toutes les passions mauvaises toutes les passions égoïstes, toutes les passions honteuses. En vérité, ce sont bien là les hommes des derniers jours, dont saint Paul a dit qu'ils mettraient les plaisirs et la volupté au-dessus de Dieu même : *Voluptatum amatores magis quàm Dei* (1). Car ce

---

(1) II Tim. III, 4.

qu'ils conseillent si bien, n'en doutez pas, ils le pratiquent un peu et c'est là, ou je ne m'y connais point, ce que saint Jean appelle le sceau de la bête.

Chrétiens, mes Frères, je vous conseille de vous adresser à saint Joseph, le Patron de l'enfance chrétienne. Il saura bien la couvrir et la défendre; il a si bien couvert et défendu celle de Jésus-Christ. En ne prenant de la famille que les avantages spirituels, sans rien vouloir de ses avantages corporels, il en accepte de grand cœur toutes les charges. Ainsi, il se chargea de l'entretien de son Epouse, plus riche en vertus qu'en fortune. Il nourrit trente ans durant, ce rejeton merveilleux que Dieu donna à sa famille dont il n'était pas le père selon la nature, bien que d'ailleurs, il lui appartînt au même titre que le sein virginal où il naquit, à peu près comme le fruit appartient au maître du jardin où il croît spontanément. De plus, aux jours fixés par la loi divine, il donna (1) à l'enfant la circoncision qui était comme le Baptême d'alors, et enfin il le porta au temple pour l'offrir au Seigneur et il le sauva de la fureur d'Hérode qui le voulait tuer au berceau. Nul père n'a

---

(1) Ou il fit donner. CORNU à *Lap.* dit qu'elle fut donnée par un prêtre ou un lévite. Mais Josué et saint Paul ont circoncis, sans être lévites ou prêtres de l'ancienne Loi.

veillé avec autant de sollicitude sur un berceau enfantin : confions-lui donc le berceau chrétien où un Ange au radieux visage semble contempler son image. Lui dont le nom signifie augmentation, et qui aime l'augmentation de la famille chrétienne, il voudra bien la protéger. Maintenant, c'est à la tombe qu'en veut la Révolution. Nous marchons tous à la mort, mes Frères, et la famille elle-même successivement trouve son terme au tombeau ; c'est le sort irrémédiable de l'humanité déchue. Toutefois, l'homme ne meurt pas tout entier et, en se séparant on conserve l'espoir d'un monde meilleur qui doit nous réunir. Au milieu des angoisses poignantes de la dernière heure au milieu des adieux les plus cruels, on se dit : Au revoir ! c'est pourquoi les restes de nos chers défunts nous sont eux-mêmes si chers que nous aimons à mêler nos os à leurs os, notre cendre à leur cendre, et à dormir ensemble le sommeil de la mort à l'ombre de la Croix. Surtout avant le départ suprême, nous voulons nous munir, nous et les nôtres, de tous les secours de la religion. La seule pensée d'une éternelle séparation nous glace d'épouvante, nous fait frémir le cœur : ce serait pour nous une douleur inconsolable. Eh bien ! cette douleur inconsolable, la Révolution vous la ménage ; elle vous prépare cette séparation éternelle.

Dieu lui-même nous a rendus, tous et chacun, *solidaires* du salut du prochain : *Mandavit illis iniquique de proximo suo* (1). Les fils de la Révolution ont renversé cet ordre : ils se sont faits, tous et chacun, *solidaires* de leur mutuelle damnation. Ainsi lorsque, par tous les moyens, ils auront enrôlé un membre de votre famille, ils lui feront faire l'horrible serment de mourir en réprouvé ; et, de peur qu'il ne vienne à se démentir heureusement, de peur que les affres de la mort et les prières d'une épouse, d'une sœur, d'un enfant en larmes ne viennent à réveiller en lui une foi presque éteinte et à le réconcilier avec l'Eglise, avec Dieu, ils viendront surveiller son dernier soupir, afin qu'il soit recueilli par Satan. Déjà même ils ont fait faire une loi dans ce but. Puis éloignant la religion de la sépulture comme ils l'ont éloignée de la couche funèbre, ils feront ce qu'on a justement nommé un enfouissement civil, comme on le fait pour de vils animaux; la croix n'ombragera point la tombe du malheureux défunt. Est-ce tout ? hélas ! non, la religion même des tombeaux ne sera plus respectée ; on dispersera jusqu'à la cendre des morts ainsi qu'on l'a vu, sous la Terreur, pour nos rois, nos martyrs et nos prêtres. Que dis-je ? ces membres que Jésus-Christ a consacrés au Bap-

---

(1) *Eccli*. XVII, 12.

tême, qu'il a nourris de sa substance à l'Eucharistie, qu'il a sanctifiés avec sa grâce et ses sacrements, ces membres, qu'on les brûle ou non dans un four crématoire, on les emploiera à engraisser, et à fumer la terre, les champs, les vignes et les prés ; digne fin d'un être qu'ils prétendent venir de la brute et aboutir au néant. Je n'exagère rien, mes Frères, j'invente moins encore ; tout cela peut se lire dans maint ouvrage qui se répand de tous côtés.

Ces infamies que Lacordaire flétrissait d'un mot : « Cette canaille de doctrine [1] », inutile de vous dire combien elles sont en horreur dans l'Eglise. Les constitutions des papes, les conciles provinciaux les ont frappées de leurs anathèmes. Le dernier concile de la Province, tenu au Puy en mil huit cent soixante-treize, enjoint aux parents et aux amis du moribond d'éloigner de lui tout conseiller pervers, de le réconcilier avec Dieu en appelant le prêtre, et de lui procurer le bienfait de la sépulture ecclésiastique. Mes Frères, cette peste en arrive à exercer son ravage même au milieu de vous ; ayez donc les yeux ouverts, et le cœur ferme car, ouvertement ou en secret, elle essaye de pénétrer partout : grâce à la facilité de communications le mal ne connaît

---

[1] *Conférences de Notre-Dame de Paris* : quarante-huitième conférence.

plus de barrière. Ayez les yeux ouverts et invoquez saint Joseph, le patron de la bonne mort, afin qu'il vous aide, vous et les vôtres, à bien mourir quand l'heure sera venue, et que vos restes mortels dorment en paix dans le champ chrétien du repos. Joseph a eu le bonheur incomparable de mourir entre les bras de Jésus et de Marie : il a fait ainsi la mort d'un prédestiné, la mort la plus heureuse qu'il soit permis à un chrétien de désirer. Et comme les os de l'antique Joseph entrèrent, avec les enfants de Jacob, dans la terre promise, ainsi le corps de Joseph, le bienheureux époux de Marie, est-il entré avec Jésus dans le Ciel, cette terre promise aux véritables enfants de Dieu ; car c'est une pieuse croyance qu'il est ressuscité et monté aux Cieux, en corps et en âme, à la suite de Jésus-Christ lui-même. Vous concevez dès lors qu'il protége spécialement et la mort et la cendre des chrétiens, et qu'il sauve ainsi la famille d'une dernière ruine et d'un dernier déshonneur.

Mes Frères, maintenant que vous connaissez en Joseph le défenseur et la famille chrétienne, que me reste-il à faire, sinon de nous exhorter à invoquer son appui ? Priez Joseph qu'il protége dans la famille et le lit nuptial et le berceau et la tombe. Quel que soit le danger qui vous menace, priez sans crainte ; Joseph est tout puissant sur le cœur de Dieu. Il n'a qu'à montrer à son fils adoptif ses mains autrefois durcies au travail pour gagner sa subsistance et le faire vivre, et aussitôt Jésus cèdera à sa prière. D'ailleurs, Joseph a tout pouvoir sur le cœur de Marie son épouse, et Marie tout pouvoir sur le cœur de Jésus son enfant : ce que Marie demandera à Jésus, elle l'obtiendra infailliblement, et ce que Joseph demandera à Marie, il l'obtiendra de même. Usez de cette pieuse industrie, mes Frères : allez à Jésus par Marie et à Marie par Joseph, alors, elle éclatera pour votre compte, la vérité de cette parole des Saints et de Sainte Thérèse en particulier : « Je n'ai jamais rien demandé « à Dieu par les mérites du Bienheureux Joseph, « sans être exaucée ».

Suppliez donc, mes Frères, le bienheureux Joseph de défendre, contre la Révolution, la famille et la sainte Eglise dont il est le Patron. Mais surtout efforcez-vous d'imiter ses vertus, afin que par sa protection vous méritiez d'aller le voir et le fêter là-haut. Ainsi soit-il.

Prêché à Notre-Dame, le 6 mai 1876.

SAINT-MICHEL D'AIGUILHE

Le culte de l'Archange saint Michel est fort ancien dans l'Eglise. Comme il avait guéri une fille à Laodicée, on lui érigea, au 1er ou au IIe siècle, un temple à Chone en Phrygie. — Sous le Pape

Gélase Ier, en 492, l'Evêque de Siponto bâtit un temple à saint Michel sur le mont Gargan, dans l'Italie méridionale. — Grégoire le Grand vit, en 590, sur le môle d'Adrien (à Rome), l'Archange saint Michel qui remettait l'épée dans le fourreau, signifiant ainsi la fin de la peste : une vingtaine d'années après, on y construisit une église à l'Archange. Le château Saint Ange remplaça le môle. — Vers 849, après ses victoires sur les Sarrazins, Léon IV éleva au Vatican un temple à saint Michel. — Saint Aubert évêque d'Avranches, sur un rocher appelé *La Tombe*, construit vers l'an 709, un temple à saint Michel. C'est le fameux mont Saint-Michel, desservi d'abord par des chanoines séculiers, puis par des bénédictins. Ce mont, dans la mer, a, dit-on, 74 m. de haut. — Un mont semblable fut élevé, en face, sur la côte Anglaise. — Mais rien n'égale la beauté et le pittoresque de notre Saint-Michel d'Aiguilhe, veillant près de Notre-Dame de France, comme un paladin ou un chevalier. « Tais-toi, petit Michel, voici ta « Dame et souveraine », s'écriait, en 1873, dans un lyrisme hardi, Mgr Bertaud, évêque de Tulle. Saint Michel veille effectivement sur la Vierge et la cité. La hauteur du cône gigantesque est de 83 m. du côté du village et d'environ 90 m. du côté de la Borne. De la rue à la porte de la chapelle, j'ai compté (le 5 mars 1910) 279-280 marches : Ajoutez-y 12 marches jusqu'à l'autel. Le sommet du clocher est estimé à 110 m. et le rocher dans son plus grand périmètre a 170 m. Dans l'ascension, on passait jadis devant trois oratoires : saint Gabriel, saint Raphaël, saint Guinefort, martyr, fils d'un roi d'Ecosse. — L'Eglise est du xe et xie siècle, la façade, tournée vers l'Orient, est un bijou : l'on y remarque huit prêtres, élevant le calice, comme à un chapiteau de la Cathédrale — ce qui contribue, à dater celui-ci. — Le doyen Truanus fonda la chapelle dont l'Evêque Godescal posa la première pierre en 962. Guy d'Anjou la consacra en 984, en la dédiant à saint Michel, lequel supplantait sur les hauts lieux le Mercure gallo-romain à qui Zénodore avait élevé une statue immense sur le Puy-de-Dôme, où l'on adorait Vasso. — En 1475, Louis XI, venu au Puy d'Anis, y laissa trente-une pièces d'or pour l'église Saint-Michel. — Charles VIII visita la gracieuse chapelle de l'Archange. — En 1562, les hérétiques culbutèrent la statue du saint et la précipitèrent du haut du rocher. — En 1591, Chaste enleva à Aiguilhe tous les bestiaux qu'il y trouva. — En 1595, l'Estrange met en fuite les Croquants à Roche-en-Régnier ; une partie des captifs est mise au fort Saint-Michel d'Aiguilhe. Dans ce lieu bien nommé Séguret, appartenant jadis à Notre-Dame (Cathédrale), deux vestiges indiquaient *le saut de la Pucelle*. Aujourd'hui, l'Eglise est désaffectée :

l'on n'y dit plus la messe ; et des apaches, malgré la vigilance de l'honnête gardien, ont défiguré des Anges et désarmé saint Michel, terrassant le dragon.

Mais saint Michel, devenu un de nos patrons, nationaux, surtout depuis Jeanne d'Arc, voudra bien encore réveiller de sa léthargie funeste, un pays qui ne veut pas mourir.

DISCOURS SUR SAINT MICHEL

Michael et Angeli ejus præliabantur cum dracone.
Saint Michel et ses Anges, combattirent le dragon.
(Apoc. xii, 7.)

Appelé à vous parler aujourd'hui de saint Michel dont nous célébrons demain la fête, je n'essaierai point de raconter la grandeur de sa nature, ni la splendeur de sa gloire : ce sont des secrets qu'il n'est donné à personne ici-bas de connaître et de dévoiler pleinement. Nous savons néanmoins que sa nature l'élève, comme tous les Anges, au-dessus de la matière et au-dessus de l'homme ; que sa gloire lui assure le pas sur tous les Anges dont il est le chef ; que son ministère le rapproche de l'homme en même temps qu'il lui remet en main la cause même de Dieu. Ministre de la Providence, Prince de la cour céleste, saint Michel est avant tout le soldat de Dieu et le Protecteur de l'humanité. Comment cela? je vais vous l'exposer brièvement.

PREMIER POINT

Et d'abord, saint Michel est le soldat de Dieu, soldat également intrépide et fidèle.

A peine sortis, purs et beaux, de la main du Créateur, les Anges se divisèrent en deux camps : Lucifer d'un côté, et de l'autre Michel. Le camp de Lucifer, oubliant ce qu'il devait à Dieu dont la bonté gratuite l'avait revêtu de gloire et d'honneur, se complut en sa propre force, voulut ne relever que de lui-même, et proclama son indépendance dans le cri séditieux de son chef : J'élèverai mon trône au-dessus du ciel et je serai semblable au Très-Haut : *Similis ero altissimo.* (ISAI, XIV, 14.) C'était proclamer la guerre à Dieu, guerre terrible qui devait faire autant de victimes qu'il y avait de lâches, de révoltés. Vous le savez, mes Frères, quand nous parlons de guerre et de combat entre les célestes intelligences et les puissances spirituelles, « il ne faut point, dit Bossuet, se représenter ni des bras de chair, ni des armes matérielles, ni du sang répandu comme parmi nous » ces peintures, ces images ne sont permises qu'aux peintres, aux sculpteurs et aux poètes : en réalité (1) « c'est un conflit de pensées et de sentiments » qu'il faut concevoir. Mais pour avoir lieu entre de purs esprits, avec des armes immatérielles, la lutte n'en est pas moins vive, ni le choc moins intense, ni la guerre moins redoutable.

Admirons ici l'intrépidité de saint Michel, le soldat de Dieu. Il ne s'arrête pas à compter les rebelles... Ils étaient innombrables ; il ne mesure pas la profondeur de leurs phalanges... elles dépassaient peut être, la portée de sa vue ; il ne calcule pas les chances du succès... pour lui le succès est dans l'accomplissement du devoir; il ne se laisse pas intimider aux clameurs des ennemis qui, alors comme toujours, se promettent insolemment la victoire et mêlent à leurs blasphèmes contre Dieu des menaces horribles contre ses partisans... il sait que Dieu est avec lui et que là où est Dieu là est la victoire. Aussi, il se tourne vers son armée rangée en bataille : c'étaient les bons anges ralliés à la cause de la justice et du droit; il les anime de sa voix, les soutient de son regard, les entraîne par son exemple. Tous ensemble, ils poussent le cri de guerre de saint Michel ; *Quis ut Deus ?* Qui est semblable à Dieu? Ils fondent sur l'armée ennemie et la mettent en déroute. Comme l'Apollon du Belvédère vainqueur du serpent Python,

---

(1) BOSSUET, troisième élévation de la quatrième semaine.

saint Michel s'offre aux yeux des élus dans la beauté d'une jeunesse immortelle et avec le dédain splendide de l'ennemi vaincu. Bien que magnifique, le saint Michel de Raphaël ne l'égale point. C'est ainsi que saint Michel se montre l'intrépide soldat du Dieu vivant.

Insistons sur le cri de l'Archange : Qui est comme Dieu? Dieu est à soi-même son principe et sa fin, tout ensemble. L'Infini ne peut partir que de l'Infini; l Infini ne peut aboutir qu'à l'Infini. Aussi, hors de son Etre, a-t-il tout fait pour sa gloire : *Universa propter semetipsum operatus est Dominus* (PROV. XVI, 4.)

Mais n'est-ce point là, direz-vous, le « moi haïssable » qui se replie sur lui-même et rapporte tout à soi? Non : en se repliant sur lui-même, l'Infini fait jaillir de son sein des flots de perfection, de béatitude et de vie : sa gloire extérieure se confond ainsi avec le bonheur de la créature : le *tout pour soi* devient le *tout pour autrui*, d'autant plus qu'autrui n'existe que par cette communication.

Soldat sans peur, saint Michel est aussi sans reproche : la fidélité égale en lui la vaillance. Sans la fidélité, la plus vaillante ardeur ne conduirait qu'au précipice et causerait plutôt la ruine que le salut. Tels ces chars de feu auxquels la vapeur semble donner des ailes pour voler sur la voie ferrée; si, à défaut d'une main sage qui les dirige et contienne, ils s'emportent hors de leur voie, ils détruisent plutôt qu'ils ne conduisent et aboutissent finalement à une catastrophe. Ainsi en fut-il des mauvais anges : il ne manquait pas d'audace l'Archange infidèle qui ne craignait point de se soulever contre Dieu et de se mesurer à sa puissance ; mais précisément parce qu'il fut infidèle il se précipita dans l'abîme où sa félonie demeure éternellement foudroyée et maudite. Ce qu'il faut donc louer principalement en saint Michel, c'est sa fidélité, sa fidélité à toute épreuve. Nul doute, mes Frères, que Lucifer n'ait mis tout en œuvre, pour rallier à son parti, gagner à sa cause non seulement les Anges qui firent défection, mais encore Michel et les bons Anges. Avant d'employer les menaces et la violence, il dut mettre en jeu les promesses les plus fallacieuses, les séductions de tous genres. S'il osa bien promettre à Jésus-Christ lui-même l'empire de l'univers à la condition que, tombant à ses pieds, il l'adorât, que n'a-t-il point dû tenter auprès de saint Michel, afin d'obtenir son aide et son appui ? Mais autant l'Archange fidèle était inaccessible à la crainte, autant il était au-dessus de la séduction : il repoussa généreusement le tentateur rebelle, et, docile à la voix seule du devoir, il se battit pour son Dieu, comme un loyal soldat, tout prêt à se battre encore pour Lui quand l'heure serait venue. La lutte, en effet, qui est finie dans les cieux, se continue sur la terre ; *Væ terræ et mari* (APOC. XII, 12) ; elle recommencera même, à la fin des temps, avec une violence, avec une fureur inouïes. C'est cette lutte que, dans une vision prophétique, saint Jean a signalée en ces termes au chapitre XII de l'Apocalypse : Il y eut un grand combat dans le Ciel : Michel et ses Anges combattaient contre le dragon : le dragon et ses Anges combattaient contre lui : et la force leur manqua : ils tombèrent du Ciel, c'est-à dire des dernières hauteurs qu'ils occupaient parmi les hommes et leur place ne s'y trouva plus. A la lettre, il s'agit ici de la guerre que l'Antechrist fera aux saints, aux fidèles du Seigneur. Quelle que soit l'époque inconnue à laquelle paraîtra, au milieu des hommes cet ennemi de Dieu, il est certain, dit saint Jean que déjà, il s'est levé de nombreux Antechrists : *Et nunc Antichristi multi facti sunt* (I JOAN. II, 18). Toutefois ce ne sont que des précurseurs du dernier qui sera le plus terrible, le plus séduisant de tous, et qui suivra, en toutes choses, le bon plaisir de l'Ange déchu (1). Mais tous seront vaincus par la puissance de saint Michel, le soldat de Dieu également intrépide et fidèle. Suivant saint Thomas, saint Michel est l'es-

---

(1) Il adorera Maozim (DAN.)

prit de Jésus par lequel sera exterminé l'Antechrist : *Interficiet spiritu oris sui et destruet* (II Thess. ii, 8.).

Mes Frères, l'heure approche, l'heure est déjà venue où tout chrétien doit imiter les qualités nobles, brillantes et solides, que nous admirons en saint Michel, et se montrer, en face des ennemis de l'Eglise et de Jésus-Christ, le champion fidèle, le vaillant soldat de Dieu. Hélas ! le temps n'est plus — et puisse saint Michel le faire revenir ! — le temps n'est plus où la France, ayant toujours son drapeau au chemin de l'honneur, et son épée au service du droit, pouvait s'appeler, comme nation, le soldat de Dieu dans le monde. Des sophistes fanatiques, à la voix irréligieuse et dissolvante, travaillent bien plutôt à en faire, s'ils le pouvaient, le soldat de Lucifer et de l'Antechrist. Quand même — ce qu'à Dieu ne plaise ! — ils réussiraient dans leur dessein parricide et leur tâche forcenée, souvenons-nous que nous nous devons à nous-mêmes, comme chrétiens, de nous rallier à la cause de Dieu, à la cause de Jésus-Christ, à la cause de l'Eglise, et de combattre, avec une fidélité intrépide et persévérante, les bons combats du Seigneur. Que nos cœurs soient au-dessus de la crainte et de la séduction ; qu'une conscience sans reproche nous tienne unis à Dieu.

Nous nous battrons alors avec une confiance

d'autant plus invincible que nous aurons Dieu avec nous, (or si Dieu est avec nous, qui sera contre nous (1) ?) et que nous aurons un auxiliaire puissant dans l'Archange belliqueux et victorieux tout ensemble : car saint Michel n'est pas seulement le soldat de Dieu, il est encore le protecteur de l'humanité.

DEUXIÈME POINT

Suivant les saints Pères, une des causes de la rébellion de Satan, celle qui alluma sa jalousie contre l'homme, ce fut de voir notre nature préférée à la sienne dans l'Incarnation, ce fut de voir un Dieu fait homme, élevant ainsi l'humanité en Jésus-Christ au-dessus de toutes les hiérarchies angéliques. Mais il advint, par un merveilleux conseil de la Providence, que cette même cause nous assura la protection de saint Michel qui aime et vénère en nous la même nature qu'il adore en Jésus-Christ le Verbe Incarné.

Il y a plus : par un de ses revirements dont la justice divine a le secret, l'Ange orgueilleux qui a voulu s'élever jusqu'au Très-haut, est tombé au-dessous de l'homme même, que sa destinée élève maintenant jusqu'aux places laissées vacantes par la désertion des superbes. De là contre nous une

---

(1) *Si Deus pro nobis quis contrà nos ?* (ROM. VIII. 31.)

nouvelle cause de rage, de haine désespérée dans Lucifer ; mais de là aussi, dans saint Michel, une nouvelle cause de dévouement et de protection pour l'homme en qui il voit désormais un cohéritier et, en quelque sorte, un frère. Aussi, avec quelle tendre sollicitude, saint Michel ne veille-t-il pas sur l'homme. Dès qu'il y a un homme de plus dans le monde, saint Michel lui députe un Ange gardien : *Angelis suis mandavit de te est custodiant te in omnibus viis tuis* (Psalm. xc), avec ordre de veiller sur chacun de ses pas durant sa vie entière, avec ordre de le porter dans ses mains afin que son pied ne heurte contre une pierre d'achoppement. Et quand la mort vient clore sa paupière, saint Michel déploie ses ailes puissantes et charitables sur la dépouille mortelle du défunt, il protège l'âme fidèle contre les serres du vautour infernal. L'Eglise elle-même chante sur le cercueil : que votre porte-drapeau, Seigneur, que saint Michel conduise ces âmes à la lumière sainte, à la lumière promise à Abraham et à sa descendance. Par où l'on voit que saint Michel est le protecteur de l'homme depuis le berceau jusqu'à la tombe et au-delà. — Saint Michel protège encore la société. Il la protège d'abord dans son élément constitutif et primordial, je veux dire la famille. Comme la famille religieuse est la source établie de Dieu d'où s'épanche le flot des élus, saint Michel qui s'intéresse à tous les élus, saint Michel

Jeanne d'Arc (Tableau d'Ingres).

étend sa protection jusqu'à la source qui doit la compléter. Voilà pourquoi la famille chrétienne aujourd'hui battue en brèche, trouve en lui un défenseur.

Il protège encore la société civile. La société est la loi des êtres intelligents, des Anges et des hommes, elle repose sur l'ordre hiérarchique. Lorsque, sous Constantin, l'empire romain cessa d'être persécuteur pour se convertir au christianisme, saint Michel apparut à ce prince et lui assura qu'il l'avait puissamment secondé dans sa victoire contre les tyrans infidèles, contre l'impie Maxence, en particulier.

Depuis Charlemagne, la France avait hérité de la défense de l'Eglise, et saint Michel lui avait légué son appui. Notre histoire est pleine de faits où éclate la protection de saint Michel ; et rien n'est plus connu, dans nos vieilles chroniques, que l'invocation à saint Michel en péril de mer.

Aussi l'Archange belliqueux est-il le patron, le protecteur spécial de la France qu'il sauva en envoyant Jeanne d'Arc dont la mère vint prier à Notre-Dame du Puy, à Notre-Dame de France et à Saint-Michel d'Aiguilhe.

D'ailleurs, la France n'eut jamais plus besoin de son secours qu'à l'heure présente. Ce n'est plus seulement comme fille aînée de l'Eglise, comme société chrétienne, mais encore comme simple société, qu'elle est menacée dans son existence. Se pourrait-il faire que saint Michel laissât accomplir chez nous une œuvre dont la propagation de proche en proche pourrait faire avorter les desseins de Dieu sur l'humanité et laisser vider les sièges qui nous attendent là-haut ? Non, je ne puis le croire : et j'estime que saint Michel protègera la France, comme il protègera l'Eglise, c'est à-dire victorieusement.

L'Eglise ! mes Frères, elle a les promesses infaillibles de son divin fondateur : elle vivra jusqu'à la fin du monde. Assurément, Jésus-Christ a préposé saint Michel son vaillant soldat à la garde de l'Eglise, comme autrefois il l'avait préposé à la garde de la synagogue.

Or, tous ces prodiges que à la voix de leur chef, opérèrent alors les bons Anges, il est indubitable, qu'ils les renouvelleront, au besoin, en faveur de l'Eglise. On peut en lire la série dans les écrivains autorisés : je ne m'y arrête pas davantage.

Mais nous en avons dit assez, mes Frères, pour exciter notre confiance et notre vénération envers saint Michel. Aimons à recourir en lui dans tout péril individuel ou social ; aimons à l'invoquer souvent. Pour ma part, j'eusse été heureux de vous accompagner, tout proche d'ici sur cette roche volcanique dressée par la nature comme un piédestal fait exprès pour saint Michel, dans cet antique pèlerinage où sont allés prier nos Pères. Mais les temps sont bien changés... et les mœurs aussi, ce qui est bien triste.

Du moins, invoquons saint Michel dans cette vieille basilique consacrée à la Reine des Anges, par les Anges eux-mêmes. Comme les bons Anges ne font rien sans l'ordre de leur chef, c'est à leur chef saint Michel que nous pouvons, en un sens très vrai, attribuer cette consécration, comme c'est au chef que l'on impute les exploits du soldat subalterne.

Prions donc saint Michel, supplions-le d'ouvrir et d'allonger sa main protectrice, sur nos biens, sur nos personnes, nos familles, notre patrie, l'Eglise, dont il est le défenseur attitré. Puisse-t-il, dans la défense, refouler nos ennemis, dissiper les suppôts de Satan : tous les juifs, huguenots, francs-maçons, ainsi que tous les judaïsants, huguenotisants, maçonnisants, toute la peste antichrétienne, antifrançaise ! Ainsi soit-il !

Prêché à Notre-Dame du Puy, le 28 septembre 1902.

CŒUR PRIANT DE JÉSUS A VALS

La dévotion au Sacré Cœur de Jésus est très ancienne dans l'Eglise. Sur la foi d'une inscription grecque à Autun, on peut la faire remonter aux premiers siècles du Christianisme. Effectivement l'unité de personne en Jésus-Christ, Dieu et Homme tout ensemble, fait que tout est adorable en Lui, son *Cœur* aussi bien que son Humanité entière et cela depuis l'Incarnation. Nous voyons dans saint Bernard, dans saint Bonaventure, dans sainte Gertrude, dans sainte Mechtilde, dans Jean Lansberg, dans Louis de Blois, dans saint François de Sales, dans la vénérable mère Françoise de Nérestang, surtout dans la bienheureuse Marguerite-Marie Alcook, dite Alacoque, des dévots éclairés, de parfaits dévots au Sacré-Cœur de Jésus.

Voici un fait important.

C'était en 1675, pendant l'octave de la Fête-Dieu, Marguerite-Marie, religieuse à la Visitation de Paray-le-Monial, épanchait silencieusement son âme devant le Saint-Sacrement. Tout à coup, Jésus lui apparaît, et lui montrant son *Cœur :* « Voilà, « dit-il, ce *Cœur* qui a tant aimé les hommes, qu'il « n'a rien épargné, jusqu'à s'épuiser et se consu-« mer pour leur témoigner son amour. Pour « reconnaissance, je ne reçois de leur part que des « ingratitudes... Je te promets que mon *Cœur* se « dilatera pour répandre avec abondance les « influences de son amour divin sur ceux qui lui « rendront cet honneur ». Il s'agissait d'établir la fête du Sacré-Cœur le premier vendredi après l'octave du Saint-Sacrement. Jésus accompagna ses apparitions d'autres promesses magnifiques. L'Eglise a établi la Fête, et la France, à Montmartre, a érigé un temple admirable au *Sacré-Cœur de Jésus*, que l'ouvrier Froment, dans Zola, enrageait de faire sauter. Ces *purs* antichrétiens trouvent *dégoûtante* la dévotion au *divin Cœur* qui nous a tant aimés ! Qu'ils commencent par s'épurer un peu plus ! A Vals près le Puy, en un lieu où, jusqu'à la Révolution, vécurent des religieuses, et, où, après, résidèrent les missionnaires diocésains, les PP. jésuites, ayant transformé l'habitation, élevèrent, en vue de Notre-Dame d'Anis, un beau temple au *Cœur priant de Jésus*, berceau et chef-lieu de l'apostolat de la Prière. Bien qu'on adore le Cœur Sacré de Jésus, et qu'on vénère seulement la Sainte Vierge mère de Dieu ; néanmoins Notre Dame anicienne étant Cathédrale a sous elle ce sanctuaire comme tous ceux du diocèse. C'est avec Saint-Joseph d'Espaly, et Saint-Michel d'Aiguilhe, l'un des fiefs ou des satellites principaux, aux environs de Notre-Dame du Puy. L'Ecole de théologie y remplace actuellement les PP. Jésuites expulsés...

Comment cela est-il toléré dans la France catholique ? France des aïeux, réveille-toi ! Tu dors sous un mancenillier où la mort t'attend, où la mort t'envahit. Réveille-toi ! Réveille-toi ! C'est l'appel suprême du Cœur de Jésus.

DISCOURS SUR LE SACRÉ-CŒUR DE JÉSUS

L'histoire de cœur de Jésus est l'histoire même de l'Homme-Dieu. Il n'est rien, en effet, dans l'Homme-Dieu qui n'ait eu l'amour pour principe ou pour fin. Tout titre, toute action, toute parole, tout dessein a eu dans son cœur un retentissement. Cœur parfait, le plus noble, le plus grand qui ait battu dans une poitrine humaine, le cœur sacré de Jésus a été le suprême régulateur de sa vie.

Depuis sa naissance jusqu'à sa mort, tout, entre ces deux termes, se meut aux ordres de son cœur. Que dis-je? ces deux termes eux-mêmes n'échappent point à son empire : il naît, il meurt, parce qu'il veut naître et mourir : *Quia ipse voluit* et c'est encore parce qu'il le veut, qu'il naît et qu'il meurt en Dieu. Différent, en cela, du reste des hommes, Jésus apporte dans tous les instants de son existence, une liberté souveraine et une souveraine libéralité.

Ici, plus que jamais, l'on peut dire : le cœur, c'est l'homme : l'homme et le cœur se confondent dans une histoire commune.

Or, cette histoire nous présente deux pages bien distinctes quoi qu'inséparables : l'une, toute lumineuse, raconte sa grandeur; l'autre, toute sanglante, nous dit son dévoûment. Le dévoûment, il est vrai, est le tout du cœur, comme le cœur en un sens très vrai est le tout de l'homme ; mais la grandeur répond du dévoûment. Ne dit-on pas que naissance oblige ? et certes quand l'obligé est un Dieu, comme Dieu ne forfait point, l'on peut se reposer sur l'obligation. D'ailleurs, dans le sujet qui nous occupe, un peu de grandeur en moins, c'est l'infini en moins, dès lors le dévoûment perd tout son prix, tout le culte est changé, il n'y a plus d'histoire du Divin Cœur, il n'y a plus d'Homme-Dieu. Ainsi le dévoûment de Jésus se fonde sur sa grandeur et sa grandeur se couronne par son dévoûment.

Donc en deux mots : Grandeur et Dévoûment de Jésus-Christ, telle est la division de cette histoire que vous connaissez tous et que, néanmoins, je suis heureux de vous rappeler aujourd'hui.

Cœur adorable de Jésus ! le cri du cœur est la seule éloquence qui puisse vous convenir. Formez vous-même ce cri dans mon âme ; faites-le résonner sur mes lèvres, puisse-t-il aller vibrer au fond des cœurs qui m'écoutent et y raviver, y activer les flammes brûlantes de la charité et les faire tressaillir d'amour, comme vous fîtes tressaillir celui de saint Jean.

PREMIER POINT

La grandeur de Jésus, l'Homme-Dieu nous offre un double aspect : 1° cet Homme est Dieu,

Fils de Dieu ; 2° il est le chef de l'humanité.

Et d'abord, à étudier son plus beau titre, Jésus est Dieu. En lui, la nature divine et la nature humaine ont contracté une alliance indissoluble, et toute origine pâlit devant la sienne.

Il y a bientôt dix-neuf siècles (c'était dans un coin ignoré de la Palestine), un Ange est député du ciel vers une humble fille de Juda nommée Marie. Le sang qu'elle porte dans ses veines est un sang royal, car longtemps le sceptre, dans son pays, fut aux mains de ses pères; mais pour lors, sans éclat, sans fortune, elle vivait inconnue aux hommes et d'autant plus chère à Dieu.

Le messager céleste l'aborde en ces termes : « Je vous salue pleine de grâce, le Seigneur est « avec vous, vous êtes bénie entre toutes les « femmes ». A cette salutation extraordinaire, l'humble et pudique Vierge fut troublée. L'Ange la rassure : « Ne craignez point, Marie, dit-il, car « vous avez trouvé grâce devant Dieu. Voici que « vous concevrez dans votre sein et que vous « enfanterez un Fils, il aura nom Jésus. Il sera « grand et on l'appellera le Fils du Très-Haut : « *Filius Altissimi Vocabitur* (Luc, I, 32) et le Sei- « gneur Dieu lui donnera le trône de David son « père, et il règnera sur la maison de Jacob éter- « nellement et son règne n'aura point de fin ». Comme Marie cherche avant tout à mettre sa virginité hors de cause, l'Ange poursuit son message et reprend : « L'Esprit-Saint surviendra en vous « et la vertu du Très-Haut vous couvrira de son « ombre ; c'est pourquoi le saint qui naîtra de « vous s'appellera Fils de Dieu : *Vocabitur Filius* « *Dei (l. c. 35).* »

Ainsi dit l'Ange et Marie alors de céder aux désirs du ciel et de donner ce consentement salutaire qui devait remplir l'attente des nations. « Voici, dit-elle, la servante du Seigneur, qu'il me « soit fait selon votre parole : *Fiat mihi secundum* « *verbum tuum (l. c. 38).* » Au même moment, du sang le plus pur de la Vierge, l'Esprit saint forma ce cœur *(primum movens)* dont j'ai entrepris de vous parler et l'unit hypostatiquement au Verbe divin, à la seconde personne de l'adorable Trinité, au Fils même de Dieu ; au même moment s'accomplit un prodige inouï jusqu'alors, car, suivant la prédiction du prophète Jérémie, un homme fut enfermé dans les flancs d'une Vierge, et ce qui passe toute intelligence créée, cet homme est Dieu.

Qui pourra contempler ce merveilleux spectacle ? Un Dieu fait homme ! abaissement sans exemple, un Homme-Dieu ! Grandeur sans rivale.

Que le monde, lui, vante, tant qu'il lui plaira la noblesse de la naissance et des titres ; qui donc, pour les titres et pour la naissance, est comparable à notre Jésus ? Fils de la Vierge et de l'Eternel, Jésus c'est le Verbe fait chair : *et Verbum caro factum est.* Or ce Verbe est Dieu : *Deus erat Verbum* ; Jésus c'est le Fils unique du Père dont les apôtres ont vu la gloire : *Et vidimus gloriam ejus, gloriam quasi unigeniti à Patre* (JOAN. 1). Quand l'ont-ils vue cette gloire éblouissante de la Majesté des Majestés ? Témoins des prodiges opérés par lui, à toute heure, ils voyaient en lui le Maître de la nature qui tressaillait à son moindre signe comme saint Jean dans le sein de sa Mère. Mais un jour spécialement au Thabor, Jésus transfiguré leur montra un rayon de sa gloire : c'est là qu'ils ont vu sa Majesté : *Viderunt Majestatem ejus* (LUC, IX, 32) ; c'est là qu'ils ont ouï son titre de la bouche même de Dieu. « Celui-ci est mon *Fils* bien-aimé, écoutez-le ». (*l. c.* 35).

Et puis Jésus ressuscité n'est-il point apparu à ses disciples pendant quarante jours ? Ne s'est-il point élevé à leurs yeux au séjour d'où il était descendu ? Et Paul renversé soudain sur le chemin de Damas, n'a-t-il pas été environné d'une lumière miraculeuse ? N'a-t-il pas entendu cette voix du Ciel : « Saul, Saul, pourquoi me persécuter ? Je « suis ce Jésus que tu persécutes ? »

Assurément, la voilà bien la manifestation de cette gloire divine, et l'on peut ajouter que chaque page de la révélation proclame hautement la divinité de Notre-Seigneur Jésus-Christ. Jésus-Christ homme et Dieu tout ensemble, telle fut toujours la foi des âges chrétiens. Ainsi ont cru les Pères, ainsi ont confessé les Martyrs, ainsi ont enseigné les Docteurs ; sans ce dogme, l'histoire de l'Eglise demeure inexplicable et notre religion n'a plus de fondement. Mais l'on doit croire les faits dont les témoins se font égorger. Pascal, ici, a complètement raison contre nos adversaires.

Sans doute, la raison humaine ne peut monter à ces hauteurs sans mesure ni pénétrer ce mystère. Au ciel nous le verrons, et sa vue fera notre joie, notre bonheur : ici-bas, la foi seule nous conduit, un bandeau sur les yeux, mais ne craignez point, appuyés sur la foi, c'est Dieu lui-même qui vous porte, il ne vous laissera pas tomber.

Adorable Jésus ! devant votre grandeur, s'efface toute grandeur ; devant votre majesté, il n'est plus de majesté. Du séjour radieux de la gloire où, avec votre Père, vous régnez éternellement, vous vous riez de ces porteurs de couronne qui sur la terre vous insultent... en passant. Trois siècles durant, les Césars ont essayé de noyer dans le sang chrétien les adorateurs de Jésus-Christ et sa religion sainte : la hache du bourreau s'est émoussée sur les consciences. Alors ils changent de tactiques ; ils ont recours à la ruse, à l'hypocrisie, pour chasser le Christ-Jésus.

Un jour, Julien l'apostat, lui déclara la guerre ; il s'en prit au christianisme dont il jura la ruine. Jamais attaque plus perfide, ni plus redoutable. Si le christianisme eût pu périr, il l'eût fait ce jour-là. Mais contre Dieu, il n'est point de victoire. Julien part pour la Perse, où bientôt il tombe... lançant contre le Ciel et son sang et ce blasphème : Tu as vaincu Galiléen !

A toutes les pages de l'histoire, l'on voit le christianisme tour à tour attaqué et triomphant. Rappelez-vous, au siècle dernier, la conjuration des faux sages, des pseudo philosophes : l'on déclare *infâme* l'adorable Jésus et son Eglise, les Rois eux-mêmes font écho à ces saturnales de la pensée. L'heure sonna où les saturnales sanglantes de la Révolution leur firent expier leur hideuse complicité. Rien ne prévalut contre la foi indomptable des chrétiens ; la croix reparut triomphante sur la couronne des Rois et au faîte de nos temples rouverts.

Hier encore, mes Frères (pardonnez moi ce souvenir contemporain); un de nos gouvernants, laissa publier ce livre maudit où, dans un pays catholique, sous le successeur des rois très chrétiens, la divinité de Jésus est niée impudemment. Le livre vit le jour à l'ombre du trône et l'enfer applaudit.... Mais celui qui règne au plus haut des Cieux jura par sa couronne de venger son Fils. Terrible et prompte fut sa vengeance. Il étendit la main, toucha le trône ennemi et... il y eut un trône de moins sur la terre (1). Il importe de ne point perdre ces leçons des événements, ce sont des leçons que Dieu donne, elles vont toutes à notre utilité.

Dieu, en bon père, avertit d'abord ; puis, s'il le faut, il frappe enfin, il frappe un coup de maître qui avertit encore en punissant. Ainsi agit-il pour les intérêts les plus grands. Eh ! quels plus grands intérêts que ceux de Jésus son Fils, Dieu comme lui, et, comme lui, Roi immortel des siècles ?

Si donc nous voyons aujourd'hui des potentats recommencer de par le monde, la même épreuve, ayons pleine confiance, ils ont à faire au même vengeur qui leur infligera le même châtiment : le passé nous répond de l'avenir. Et même la consécration unanime de l'Univers catholique et de la France en particulier au cœur sacré, au cœur divin de Jésus ; l'œuvre du vœu national, l'Eglise du Sacré-Cœur à Paris qu'elle domine, sur la colline Montmartre d'où est sortie l'illustre compagnie de Jésus que l'on poursuit avec un acharnement qui l'honore et qui a élevé à Vals près Le Puy, un sanctuaire remarquable au Cœur priant de Jésus, aujourd'hui hélas ! confisqué ; tout cela, dis-je, nous fait espérer le prochain triomphe, du moins

---

(1) *Qui non est mecum contra me est.* (MATTH, XII. 30.)

le triomphe final de l'Eglise et de la France. Sachons attendre : l'avenir est à Jésus, car l'avenir est à Dieu.

Mes Frères, nous venons d'étudier la grandeur de Jésus sous son premier aspect et nous avons conclu à sa Divinité véritable ; il nous la faut maintenant regarder sous un aspect nouveau pour voir, en lui, le chef de l'humanité régénérée.

Au jour de sa désobéissance, Adam, vous le savez, mes Frères, s'était jeté, lui et sa race, dans un déluge de maux. Autant l'homme était heureux et grand avant sa chute, autant, après, il était devenu bas et malheureux. De lui-même, il avait bien pu se séparer de son Dieu ; mais pour revenir à lui, il fallait franchir un abîme... Ainsi le désordre et le mal faisaient irruption dans l'œuvre de Dieu, et Satan, par sa permission, brouillait l'Univers. Mais dans la lutte entre le bien et le mal, c'est, en définitive, le bien qui l'emporte ; et Dieu, l'auteur du bien, le sait tirer du mal même ce qui est le comble de la sagesse et de la puissance. Par là s'expliquent l'existence du mal et le plan divin de la Rédemption. Sans le péché, il n'y eût point eu de Calvaire. Or, Jésus bien que toujours également Dieu nous paraît plus grand au Calvaire qu'au Thabor : ici, il est notre Roi par le droit de naissance ; là, il l'est de plus par le droit de conquête. Et même le Fils de Dieu suivant d'habiles théologiens ne se fût pas incarné, s'il n'eût dû prendre ce double titre et faire éclater ainsi, à notre avantage, toute la puissance de son bras et de son cœur. Mais elle existait cette heureuse faute : *félix culpa*, comme le chante l'Eglise par une inspiration étrange dans un lyrisme sublime, faute heureuse uniquement parce qu'elle obtint de la miséricorde infinie de Dieu un si grand Rédempteur ; elle existait, cette faute, et l'incarnation eut lieu. Admirez ici la profondeur des conseils divins. Un homme avait tout perdu, un homme va tout rétablir. Seulement comme l'homme ne peut faire un pas vers Dieu, c'est Dieu qui le fera vers l'homme. Il descend, il descend, il descend de la mesure même dont l'homme s'était éloigné, c'est-à-dire infiniment. Dieu le Fils (car c'est lui qui courait à notre poursuite), atteint la nature humaine, la prend, la fait sienne, se charge de ses défaillances et de ses crimes ; il s'est fait notre répondant à tous, il est le chef de l'humanité : à lui de payer pour nous, ce qu'il fera le jour où, sous le fouet de la vengeance divine, et sous les insignes dérisoires d'une royauté d'emprunt, Pilate le montrera à une vile populace en disant : Voilà l'homme (JOAN. XIV. 5) *ecce homo*. C'était vraiment l'humanité entière récapitulée en Jésus-Christ, c'était l'homme tel que le péché l'a fait.

Ainsi donc Jésus n'est pas seulement Dieu, mais encore, en raison même de sa divinité, en raison de ses hauts faits, et de sa mission providentielle, il est réellement le Chef, le Représentant de l'humanité. Il mérite son nom de Jésus, car il est sauveur. Nouvel Adam, il sauve ce que le premier avait perdu ; ce que le premier avait dégradé, il le restaure, Lui, le restaurateur de nos ruines et du plan divin tout entier.

Maintenant mes Frères, qui ne serait frappé de tant de grandeurs accumulées sur la tête d'un homme. Puisque Jésus est l'Homme-Dieu, le chef de l'humanité, que nous reste-t-il, sinon à nous prosterner devant lui et à lui présenter l'hommage de nos adorations ? C'est le privilège de la grandeur de ravir l'admiration ; quand la grandeur a les proportions de l'infini, l'admiration alors se change en adoration. Le langage humain a beau prostituer un nom si grand à une chétive créature, il ne s'applique avec plénitude et vérité qu'à Celui infiniment grand dont le *Cœur sacré* est le *Cœur* même d'un Dieu. Oui adorons Jésus, puisqu'il est notre Dieu et notre divin Chef. Adorons Jésus et dans Jésus, adorons spécialement son *Cœur* organe ou symbole de son amour. Tout en Jésus, corps, sang, âme et divinité, ne formant qu'une personne divine, est digne d'adoration ; il nous faut donc *tout* adorer avec la divinité, à cause de la divinité. C'est pourquoi nous adorons également et son amour que souvent l'on désigne sous le nom de

Cœur, et ce *Cœur* matériel qui battit dans sa poitrine, instrument et victime de son amour : tel est d'objet multiple de la dévotion au *Sacré-Cœur* ainsi que l'entend l'Eglise.

Approchons, mes Frères, de ce *Cœur* divin, trône de la miséricorde ; plaçons y, puisque c'est là qu'il les veut recevoir, nos adorations et notre amour : joignons ensemble l'amour et l'adoration, c'est le seul culte dont il se montre jaloux, le seul aussi que mérite un Cœur dont nous avons contemplé la Grandeur et dont nous allons étudier le dévouement.

DEUXIÈME POINT

Le dévouement de Jésus nous introduit dans la vie propre, dans la vie intime de son Cœur : le Cœur en effet, vit d'amour, et l'amour de dévoûment.

Voyez cette mère penchée sur un berceau. Les jours de son enfant qui lui sont plus chers que les siens, les jours de son enfant sont en danger. S'oubliant alors elle-même, elle ne songe qu'à son enfant. Partagée entre la crainte et l'espérance, elle se consume de veilles, de soins, de privations ; elle descend même jusqu'au tombeau pour en ramener son enfant. Ah ! mes Frères que fait-elle ? Elle se dévoue... Un être qui se dévoue ! est-il rien de plus beau ? Si la grandeur étonne et ravit, le dévouement, lui, touche, émeut, charme, captive.

Mais l'on se dévoue naturellement pour ce qu'on aime et même le dévoûment donne la mesure de l'amour. Or, Jésus aime et Dieu dont il est le Fils et l'humanité dont il est le Chef. Il se dévoue donc pour l'un et pour l'autre et, comme son dévoûment est sans réserve, nous pouvons conclure que sans réserve aussi est son amour.

Le voyez-vous s'élancer comme un géant dans la carrière ? L'entendez-vous, dès l'entrée, s'écrier vers Dieu. Vous n'avez point voulu d'hostie, ni d'oblation, mais vous m'avez formé un corps ; vous n'avez point agréé les holocaustes pour le péché, alors j'ai dit : Me voici, je viens selon qu'il est écrit de moi dans le livre, pour faire ô Dieu ! votre volonté.

La volonté de son Père voilà ce qui règle son premier pas. Eh bien ! tous ses pas, jusqu'au dernier, n'auront point d'autre règle. A quelque instant, à quelque degré que vous surpreniez son dévoûment, vous le trouvez toujours réglé par l'obéissance. « Ma nourriture, répète-t-il sans cesse, est de faire la volonté de mon Père. » — « Mon Père, s'écrie-t-il, au jardin des Oliviers, s'il vous plaît, éloignez de moi ce calice ; pourtant que ma volonté ne s'accomplisse pas, mais la vôtre... » Et sur la croix, il ne rend le dernier soupir qu'après avoir mis la dernière main à tout l'ordre des desseins de Dieu, après qu'il a pu dire : *Consummatum est* : tout est consommé.

Il est donc vrai, mes Frères, Jésus-Christ s'est fait obéissant jusqu'à la mort et à la mort de la croix. Lui, égal à Dieu, pour obéir à son Père, il s'est anéanti ; il a pris la forme de l'esclave, il a revêtu notre humanité dont il porte tous les traits.

Il sort enfin de la vie, comme il y était entré en obéissant.

Quel prodige d'obéissance et d'humilité tout ensemble !

N'avait-il pas raison de dire ce Dieu obéissant : « Apprenez de moi que je suis doux et humble de « cœur » : *Humilis corde?* Quelle humilité ne fallait-il pas, en effet, pour une telle obéissance ? Mais prenez-y garde : sa conduite n'est pas seulement un dévoûment pour Dieu, elle est encore une leçon pour nous. Vous avez entendu la parole du maître : Apprenez, dit-il : *Discite.* Oui, c'est un enseignement qu'il nous donne. Pour lui, il est à la fois le Maître et le modèle : Apprenez de moi que je suis humble de cœur.

Recevons, mes Frères, ces divines instructions, copions un si beau modèle. Soyons humbles d'abord ; il nous appartient plus qu'à lui car, étant Dieu, il est tout, et nous, simples mortels, nous ne sommes rien, que dis-je ? pauvres pécheurs, nous sommes moins que rien, en un sens : nous sommes un néant révolté, saisi les armes à la main (1). Humbles, nous serons aussi obéissants, car l'obéissance marche à la suite de l'humilité, dont elle est la suivante fidèle. Quand un Dieu s'est fait obéissant, jusqu'à la mort de la croix, comment ne pas s'honorer, par la soumission, d'une ressemblance avec lui ? Obéissons à nos supérieurs, nous en avons tous. Dans la famille, l'enfant doit obéir à ses parents et à ses maîtres, la femme à son mari ; dans l'école, l'élève doit obéir à ses maîtres, le religieux, la religieuse à leurs supérieurs ; dans la société, tous sont sujets de la loi et de l'autorité légitime ; enfin, la loi elle-même et l'autorité relèvent de Dieu.

De la sorte, s'établit une hiérarchie admirable et l'obéissance fait régner partout la subordination, partout la paix, c'est-à-dire la tranquillité de l'ordre, suivant la belle définition de saint Augustin. Non, le pays ne verrait pas ces bouleversements, qui le désolent et le déshonorent, si, fidèles à l'avis de l'apôtre, tous avaient en eux-mêmes les sentiments d'obéissance et d'humilité du Cœur de Jésus : *Hoc sentite in vobis quod et in Christo Jesu* (PHIL. II, 5). Sans doute, il n'est pas défendu de s'agrandir ici-bas ; mais que ce soit dans la justice,

---

(1) *Nihilum rebelle et armatum.*

l'amour et la vérité ; et non dans l'égoïsme, le mensonge et la haine. La religion seule ou le dévoûment à Dieu peut guérir cette plaie et tel est le dévoûment dont le *Cœur* de Jésus vient de nous offrir l'exemple. Considérons son dévoûment à l'humanité.

Que Jésus se soit dévoué pour les hommes dont il est le Chef, c'est ce que nous garantit son dévoûment même pour Dieu dont il est le Fils. Voulant tout ce que veut son Père, c'est pour sauver le monde qu'il est venu, car c'est pour sauver le monde que son Père l'a envoyé : *Sic Deus dilexit mundum ut Filium suum unigenitum daret* (JOAN. III, 16). De plus il est écrit qu'il s'est donné lui-même pour le rachat de tous, Lui, le médiateur entre Dieu et les hommes.

D'ailleurs, l'existence de Jésus tout entière a été, pour les hommes, un grand mystère d'amour, (I TIM. III, 16). Chacun de ses pas fut marqué d'un bienfait : de lui et de lui seul on a pu dire dans toute la plénitude de l'expression : « Il a passé en faisant le bien ». Mais c'est dans sa mort surtout qu'on peut lire, en caractères sanglants, son dévoûment et son amour. Il n'est point, avait-il dit lui-même, « de plus grande marque d'amour que de donner sa vie pour ses amis ». Pourtant, hélas ! ô mon Jésus ! vous n'avez point opéré le salut de l'homme sans donner votre vie pour un ennemi, car pécheur alors, alors aussi l'homme était votre ennemi. Dieu tout puissant et tout bon ! quel dévoûment est comparable à votre dévoûment ?

Jésus, mourant pour nous, a satisfait à la justice de son Père. Il a fermé l'enfer, il a ouvert le Ciel, il a pacifié le ciel et la terre, il a négocié le salut du genre humain. Que désirer de plus ? se peut il davantage ? Ecoutez et jugez :

Jésus a fini sa journée, c'est sa vie que je veux dire. Etendu sur la croix, il dort son dernier sommeil. Sa mère, cependant, sa mère dont il a savouré par avance toutes les afflictions, sa mère veille encore à ses pieds : debout, immobile, éplorée, retenant à peine sur ses lèvres son âme prête à s'envoler, elle regarde tristement, tel que nos péchés l'ont fait. ce Fils qui ne la regarde plus. O douleur ! où ont fui ces jours fortunés où leurs regards silencieux se disaient mutuellement tant de choses ? Autrefois il en fut ainsi, autrefois.... Mais aujourd'hui que la nature en deuil pleure son Créateur, Jésus n'a plus de regard même pour sa mère. Ses yeux se sont éteints avec sa vie, et sa vie s'est épanchée avec tout le sang de ses veines. Qu'ai-je dit, tout le sang ? Dans ce cœur qui ne bat plus, une goutte reste encore, mais elle n'y restera pas longtemps.

En effet, au moment où il pensait compléter sa

victoire, l'enfer a senti une immense défaite.

Pour avoir mis la main sur le juste où il n'avait rien à prétendre, il a perdu ceux qui lui appartenaient. Il décrète alors, dans sa rage désespérée, il décrète un dernier outrage à la première cause de sa perte, au *Cœur* sacré de sa victime. La lance à la main, un soldat s'approche ; il frappe et d'un coup dont le contre-coup perce l'âme de Marie, il ouvre ce cœur qui rend sa dernière goutte.

O hommes ! vous a-t-il aimés ce Dieu-Jésus ! Dites, la dernière marque de son amour pouvait-il mieux la placer que dans son *Cœur* ? Si ce *Cœur* est ouvert, c'est pour vous recevoir ; et c'est pour vous ramener jusqu'à lui que tout son sang s'est élancé jusqu'à vous. Laissez, laissez-vous prendre à ces flots salutaires qui vous atteignent par les sacrements ; laissez unir vos cœurs à son *Cœur*. Il est mort ce *Cœur*, oui, mais c'est d'amour pour vous ; il est mort ce *Cœur*, mais attendez l'heure de Dieu, la vie lui reviendra avec le sang.

Cependant, générations humaines, hâtez-vous. N'entendez-vous pas gronder le tonnerre ? Ne voyez-vous pas l'éclair sillonner la nue ? Il nous faut un abri contre la colère céleste, et où le trouver cet abri, sinon dans le *Cœur* de Jésus ? Hâtez-vous donc, entrez. Accourez tous, ô peuples de l'univers, accourez dans ce *Cœur* qui contiendrait des mondes, dans le *Cœur* de votre Chef, dans le

Cœur de votre Dieu ; hors de là point de salut et le salut n'est-il pas nécessaire à tous ? Et toi, chère entre toutes les nations, ô « doulce » France, fille aînée de l'Eglise, tu as une place de choix dans le *Cœur* du premier-né de Dieu. C'est chez toi (grâce à une fille de sainte Chantal), c'est chez toi que le culte *spécial* du divin *Cœur* aura sa première expansion. Entre donc vaillamment dans cette arche de salut, entre hardiment dans cette plaie vivifiante, asile de l'honneur et du bonheur, entre pour n'en sortir jamais. Alors, viennent les orages, viennent les tempêtes, souviens toi qui te porte, ô France de Clovis, France de Tolbiac, France des Croisades, tu ne périras pas...

Mes Frères, à l'heure où je parle, depuis longtemps déjà le sang est revenu au divin *Cœur* ; il est revenu enrichi de conquêtes, et chargé de dépouilles. Ce divin *Cœur* a de nouveau palpité comme sous l'influence d'une double vie, la nôtre et la sienne, et, au milieu des immortels où il vit et règne à jamais, c'est nous, en quelque sorte, qui vivons et règnons avec lui, nous qu'il a emportés dans son essor vers les cieux, si pourtant nous avons eu soin d'entrer et de nous tenir dans ce *Cœur*.

Mais, ne l'oubliez pas, ce *Cœur* ne souffre rien qui lui soit dissemblable et il vomit les tièdes qui ne se laissent point embraser dans la fournaise de son amour ! O excès de l'amour divin ! comme vous appelez notre amour ! O dévoûment de Jésus ! comme vous commandez notre dévoûment !

Oui, nous devons aimer comme Jésus et par suite nous dévouer comme lui. Mais pour qui ? Je vous réponds : pour Dieu d'abord qui, le premier, s'est dévoué pour nous afin d'être à la fois notre rançon et notre exemple : en conséquence exécrons le péché qui a coûté au divin *Cœur* tout son sang et lui a fait une large blessure. Pour qui encore ? Pour nos frères, pour le prochain dont le salut a provoqué le dévoûment du divin *Cœur*. Certes, si nous aimons ce divin *Cœur* (et il y a anathème pour qui ne l'aime pas), nous aimerons tout ce qu'il a aimé et nous ferons tout pour lui plaire. Or, il aime tous les hommes et il nous a ordonné de les aimer comme il l'a fait lui-même.

A ce signe, nous assure-t il, d'une charité mutuelle, on nous reconnaîtra pour ses disciples.

A l'œuvre donc, mes Frères, faisons revivre au milieu de nous les beaux jours du christianisme naissant, ces jours voisins de l'histoire que nous venons de raconter et où l'on pouvait dire des premiers chrétiens : Voyez comme ils s'aiment ! ils n'ont tous qu'un cœur et qu'une âme. Pour cimenter cette union réciproque, n'avons-nous pas la table eucharistique où nos lèvres altérées peuvent puiser dans le *Cœur* même de Jésus, une vertu, une charité divine ? En finissant, je vous adjure par le sang de Jésus-Christ, par sa mort, sa vie et son *Cœur*, aimons-nous comme des frères ; c'est peu, aimons-nous comme les membres d'un même corps dont Jésus est la tête et dont le *Cœur* est le *Cœur* même de Jésus.

O *Cœur* sacré de Jésus ! notre Dieu, notre Chef, notre Modèle, notre Rédempteur, recevez, en ce jour, l'hommage de nos cœurs avec nos sentiments de fidélité. C'est le seul tribut qui vous convienne, ô Roi des Cœurs ! Puissent nos cœurs, ici-bas, s'immoler généreusement pour vous ! et puissions-nous vous former, là haut une couronne de gloire et d'amour pour l'éternité ! Ainsi soit-il.

Prêché en juin 1871, dans l'église paroissiale de Saint-Géraud à Lempdes et redit à Notre-Dame du Puy
(avec des variantes).

Confirmation et extension du Jubilé de Notre Dame du Puy, par sa Sainteté Pie X, à dix-huit jours.

A) Supplique de Mgr l'Evêque du Puy

DIOCÈSE DU PUY　　　　　　　　TRÈS SAINT PÈRE,

C'est une très ancienne et immémoriale coutume que les Souverains Pontifes accordent une indulgence plénière en forme de Jubilé à tous les fidèles du Christ qui, sincèrement repentis et confessés et communiés, visitent la Cathédrale Anicienne le jour de l'Annonciation de la B. V. M., toutes les fois que la dite fête tombe le Vendredi-Saint, c'est-à dire toutes les fois que le même jour se rencontre le commencement au sein de la Mère Immaculée et l'achèvement sur la Croix de la vie humaine de Jésus-Christ notre Sauveur.

Mais, comme avant Martin V, l'on n'avait qu'un jour pour gagner l'indulgence des premières vêpres du Jeudi-Saint au coucher du soleil du Vendredi, au début du xve siècle, en raison de l'affluence des pèlerins qui se chiffrait quelquefois par deux ou trois cent mille, et afin d'éviter les dangers à redouter et qui effectivement éclataient dans une telle foule au sein d'une cité assez petite, les Evêques du Puy et les Rois de France se virent obligés de demander au Saint-Siège une prorogation

Sur les instances d'Elie de Lestrange, évêque du Puy, le temps fut prorogé au mardi après Pâques ; il le fut à toute l'Octave à la supplique de Guillaume de Chalencon et de Charles VII, roi de France.

Deux siècles après, en 1621, à la prière de l'Evêque du Puy, Just de Serres et du roi Louis XIII, Grégoire XV, dans son Bref du 23 (1) décembre concéda à perpétuité la grâce jubilaire (2).

En 1727, Benoît XIII, à la demande du Cardinal Mechior de Polignac, confirma le Bref de Grégoire XV et permit d'appliquer l'indulgence aux âmes du Purgatoire.

Le Jubilé ne fut même pas interrompu par la tourmente révolutionnaire du xviiie siècle.

Enfin Grégoire XVI et Pie IX, par leurs Lettres en date du 6 août 1841 et du 16 février 1864, étendirent le temps à douze jours à compter du Jeudi-Saint.

---

(1) 24 décembre

(2) Et l'étendit à toute l'Octave.

Ceci rappelé, et à l'approche de l'année 1910 qui est jubilaire au Puy, son Evêque actuel, humblement prosterné à vos pieds, supplie Votre Sainteté de confirmer l'indulgence concédée par les Papes précédents et de la rendre, comme eux, applicable aux âmes du Purgatoire. Bien plus, il supplie Votre Sainteté de proroger le temps à *dix-huit jours*, du Jeudi-Saint au second dimanche après Pâques inclusivement.

La raison en est dans les difficultés que traverse présentement l'Eglise de France. Jusqu'ici, les pèlerins avant ou après la visite du sanctuaire, assistaient à des processions, écoutaient des discours en plein air, en masse compacte. Maintenant l'on est confiné dans les temples, les manifestations du culte en public sont défendues, les divers groupes de pèlerins ne pourront plus s'unir pour les exercices spirituels, il faudra les recevoir à des heures séparées, ce qui exigera beaucoup plus de temps.

Nous comptons d'ailleurs sur l'arrivée d'un très grand nombre de fidèles, non seulement des environs, mais encore des pays éloignés. Et plaise à Dieu que la Bienheureuse et Immaculée Vierge Marie, Reine de France, touchée miséricordieusement de tant de prières du peuple et de tant de supplications, daigne nous secourir !

De Votre Sainetté, le très humble et le très dévoué serviteur et enfant.

Le Puy, le 18 décembre 1909.

† THOMAS-FRANÇOIS,

Evêque du Puy.

B) Rescrit du Saint-Siège

SS. CONGR. DU S. OFFICE.   SECTION DES INDULGENCES.

Le 13 janvier 1910

Sa Sainteté Pie X, Pape par la grâce de Dieu, dans l'audience accordée au R. P. D. Assesseur du Saint Office, a eu la bonté d'accorder la grâce demandée, en s'en tenant pour tout le reste à la teneur des précédentes concessions. Nonobstant toutes choses contraires.

Lieu du sceau.

Louis chanoine GIAMBENE,
Substitut pour les Indulgences.

PÈLERINAGES ET JUBILÉS ANICIENS

Thiers (1) et maints autres personnages,
Esprits voilés, esprits mutins,
S'écriaient : « Les pèlerinages !
« Ils n'appartiennent qu'aux lointains
« Toujours reculants de l'Histoire. »
Mais l'homme, en tout temps, en tout lieu,
A senti le besoin de croire
En qui l'a fait, de croire en Dieu.

Attendra-t-il que la science
Ait soupçonné ses tristes maux ?
Il bondit, plein d'impatience,
Voulant guérir homme, animaux.
Il court où vole l'Espérance :
Chez nous lieux nombreux, lieux bénis,
Chers à Notre-Dame de France
Vrai nom de la Vierge d'Anis.

Elle tient ce nom de l'Espagne,
Nom mondial, nom fulgurant !
Toute autre Vierge l'accompagne,
Etant la même au demeurant.
Hâtez-vous dans son sanctuaire
Qu'ennoblit la Tradition,
Où, mouvement tumultuaire,
Tombe ce flot — la Passion.

---

(1) Thiers se moquait des chemins de fer lesquels se moquent bien de lui.

Vient l'an neuf cent quatre-vingt douze.
Le Puy voit à ses Grands-Pardons
Accourir la foule, jalouse
De donner, disant : « Abordons,
« Les mains pleines de nos richesses
« Qui vont crouler à l'avenir
« Avec les rois et les duchesses...
« Forçons la Vierge à nous bénir. »

Mil neuf cent dix ! A nouveau l'heure
Du Grand-Pardon Anicien !
Alors, chrétiens ! l'homme qui pleure
Aspire au bon Praticien,
Lequel guérit le corps et l'âme
Chose impossible à tout mortel.
Alors aussi le peuple acclame
Sa Mère et Lui vers leur autel.

La vapeur siffle, mugit, beugle :
Si l'homme tient le balancier,
Elle fuit, court, fonce en aveugle
Suivant ses lisières d'acier ;
Et, déchirant leur robe verte
Aux glacis déjà constellés,
Crie ; Humains ! la voie est ouverte
Vers qui nous donne et vins et blés.

Le pré fleurit, la terre embaume
Lorsqu'a fumé son encensoir,
Et la cascade de la Baume
Poudroie et gémit dans le soir.
Le Ciel que le Velay regarde
Avec les yeux de ses grands lacs :
Saint-Front, Bouchet, fait bonne garde
Sur nous, du haut de ses bivouacs.

Autant le Ciel compte d'étoiles,
Autant le sol compte de grains,
Autant la nuit compte de voiles,
Autant Anis de pèlerins.
Vers ton image, ô Vénérable !
Le flot humain parfois amer
S'est poussé... non moins innombrable
Que le sourire de la mer.

Après les splendeurs souveraines
D'augustes *Papes* — deux fois trois —
Des *Empereurs*, des *Rois*, des *Reines*,
Viennent enfin les *Peuples-Rois !*
La Vierge en la foule nous trie
Nous voulant proches de son cœur ;
Et, souriante, la Patrie
Guide, ici-bas, l'immense chœur (1).

En l'honneur de l'Immaculée,
Strophes ! volez des Puys d'amour.
Vous nacquîtes sur la vallée
Du Puy d'Anis — divin séjour. —
Chantons la Vierge au cœur sans tache
Et sa vaillance et ses exploits.
Chantons l'Esprit qui nous rattache
Avec maints peuples sous ses lois.

A peine eût-il touché la Terre
Que l'Ange ravi s'écria,
Messager d'un profond Mystère :
Enfante un Dieu Vierge ! *Ave Maria* —

---

(1) On fait les hommes ce qu'ils doivent être en leur disant qu'ils le sont (NAPOLÉON).

Un Dieu ? *Fiat !* — Le Verbe, alors fait homme
En cette Vierge au sein si pur,
Nous divinise et voilà comme
En nous commence le « Kippur » (1).

Vierge Mère ! douce patronne
De ce Velay si fier de toi !
Quel peuple immense t'environne,
Porté sur l'aile de sa Foi,
Lorsqu'en un même jour l'on fête
Ce message libérateur,
Et — de l'amour sublime faîte ! —
La Mort, la Mort du Créateur.

Ave ! Jadis, Reine sublime !
La France à tes pieds s'envola...
Dès qu'elle s'emporte à l'abime,
Vole au secours, arrête-là.
Qu'épanchant partout la lumière
Du Verbe échappé du tombeau,
La France, sainte *Avant-Courrière*,
Sois toujours ton *Porte-flambeau !*

Et sur le Bon et sur l'Inique,
Avant de faire tes adieux,
Lance ta flèche apollinique
Soleil brillant et radieux !
Des gerbes d'eau tire la gloire
D'un arc-en-ciel éblouissant,
Sous la *Reine* de la Victoire
Image due à notre sang (2).

---

(1) Kippur en hébreu = Expiation.
(2) Notre-Dame sur Corneille.

Brille, étincelle comme un phare (1),
Marie, étoile du Matin !
Avec l'éclat d'une fanfare,
Ton clair rayon lointain, lointain,
Au pèlerin montre la voie
Ainsi qu'au voyageur perdu !...
De tous, nageant en pleine joie,
L'amour s'exhale — il t'est bien dû.

Ceinte, la nuit, du diadème,
Son front est toujours étoilé.
Sa main éloigne l'anathème
Du Franc qu'inspire un songe ailé...
Et quand le jour étend son ombre
Comme une égide sur nos champs,
Le Franc, forgeur d'exploits sans nombre,
La dit dans ses faits, dans ses chants.

Viens du couchant, viens de l'aurore,
Viens, viens du Nord, viens du Midi
Peuple chrétien ! viens voir éclore
L'Espoir au flanc du Roc hardi (2)
Ici, le Ciel donne à la Terre
Le baiser de paix et d'amour ;
Et l'Enfer, vaincu, de se taire,
Lorsqu'un mourant revient au jour.

Oh ! qu'Elle est douce la Madone
Avec l'Enfant-Dieu sur le bras !
C'est le salut qu'Elle nous donne,
A nous, fils d'Adam bien ingrats,

---

(1) Un phare (vrai) sur ces hauteurs serait un bienfait humanitaire.
(2) Le mont Corneille où est Notre-Dame de France.

Contre la faute originelle
Dont le soleil s'épouvanta,
Quand du Ciel la claire prunelle
En l'homme vit un *errata*.

Les astres lui ceignent la tête :
Elle arrive en glissant dans l'air.
Tout droit Elle fond sur la bête
Non moins agile que l'éclair.
N'est-elle pas la *Femme forte*
Qu'annonçait jadis Salomon ?
Satan frémit, barre sa porte :
Ses yeux dévorent son gnomon.

« *Fragilité* ! ton nom est femme ».
Ce trait brûlant, Shakspearien.
Vole sous Celle qu'il diffame
A tort... il ne la touche en rien.
L'aigle qui plane dans la nue,
Ivre de force, ivre d'azur,
Dès qu'au loin il l'a reconnue,
Pointe vers Elle son vol sûr.

La voûte d'étoiles jonchée
Tourne au-dessus des Nations :
La « Vierge » y fait sa chevauchée
Parmi les constellations.
Plus incorruptible que l'Ange
De grâce et d'amour toujours plein,
La *Vierge à nous* jamais ne change
Et ne connaît point le déclin.

Les Anges là-haut l'enlevèrent.
Régnant sur Rome et sur Memphis
Que tous les mondes la révèrent !
Elle triomphe chez son Fils.

Un fleuve entier de joie... arrose
Les fleurs de la céleste Cour.
Etant le souris de la rose,
La Vierge y radoucit le jour.

VŒU DE LOUIS XIII

— (Quand il y avait des processions) —
La France ! Il la voue à Marie
Le Père de Louis le Grand.
Sur une ligne chacun prie,
On se déploie en double rang.
Lorsque les chants qui se répondent,
Montent joyeux jusques au Ciel,
D'en haut les faveurs surabondent
Plus douces qu'un rayon de miel.

NOTRE-DAME DU PUY

Arceaux d'un feu multicolore,
Larges effluves de clarté,
Tige et couronne... quelle flore !
Quel éclat d'un jour emprunté !
Chaque céleste Intelligence
Autour de la Reine des Cieux,
Malgré sa native indigence,
Mue en soleil devant ses yeux.

Sur son épaule virginale,
Marie a jeté son manteau :
Elle écoute un divin finale
Echo du Ciel sur le côteau.
Les fleurs divines de sa robe,
Les fleurs suaves de nos chants
Ravissent d'aise l'homme probe,
Et vous font fuir, êtres méchants !

La Vierge a sa riche dentelle
Et son velours couleur du Temps.
Montrant son Fils : « Venez ! dit-elle,
« Soyez comblés ! soyez contents !
« A Lui le Couchant et l'Aurore,
« A Lui le Pôle et l'Équateur,
« En Lui, seul Verbe, tout pérore,
« Lui seul est l'éternel auteur. »

STATUE DE CORNEILLE

Pour le métal de la statue
Qui le fournit ? Sébastopol.
Alors l'Evêque s'évertue (1)
Avec l'ardente foi d'un Paul.
De l'armée escomptant la gloire,
Il désire que les canons
Se transfigurent sur la Loire
Déjà si fière de beaux noms.

Sur les canons juste est l'amende.
« Mais ils ne sont encore à nous »,
Dit l'Empereur qui nous commande.
Morlhon repart : « Vite, à genoux,
« Le Russe va les livrer, sire !
« En soulignant son *Errata*,
« L'ennemi fond comme la cire. »
Le 8 septembre l'emporta.

LA VIERGE D'ANIS ET LA PUCELLE D'ORLÉANS

Pourquoi tuez-vous cette Vierge,
Méchants ! que rien ne peut toucher ?
Dieu ! vous la brûlez, comme un cierge
Vivant, sur l'autel du bûcher !

---

(1) Mgr de Morlhon.

Quel mal Jeanne fit-elle au monde ?
Nos foyers étaient envahis :
Jeanne écarte une Reine immonde
Et chasse les Anglais haïs.

Le Ciel l'envoie ambassadrice
Sur Charles « le gentil dauphin »
Jeter la pourpre expiatrice
De son martyre et de sa fin.
Dès que *à Notre-Dame de France*,
Devançant *Romée Isabeau*,
Charles vient... l'Arc de l'Espérance
Soulève et brise son tombeau.

Saint Michel mène à la Victoire :
De Jeanne il est le compagnon,
Il fait resplendir notre histoire
En rallumant son lumignon...
Chez nous, du salut il est l'Ange,
Souvent il sauve du trépas
Avec la céleste phalange,
France ! avec lui ne sombre pas.

Jésus !... dit la Vierge dont l'âme
Prit son essor et s'envola
Dans le Ciel que la gloire enflamme
Et qui s'écrie : « Oh ! la voilà ».
Ce bûcher — où la Mort surplombe
Voilant les restes d'un beau corps —
Donne des ailes de colombe.
Jeanne a fui l'hallali des cors.

Vaincu « bouté hors de la France »,
Plein de rage, l'Anglais d'alors
Lui fait payer — avec outrance —
Tout l'insuccès de ses milords,

Une sublime randonnée
Finit la guerre de *Cent Ans*,
Et Jeanne, par eux condamnée,
Domine enfin le cours du Temps.

Qu'entends-je ? Un Schiller ? Un Shakspeare ?
Leur chant, plus triste qu'en mineur,
S'abaisse... il roule jusqu'au pire :
Il abolit un vierge honneur.
Aujourd'hui l'Anglais catholique
Pleure sa vieille cruauté.
Il n'a pas même une relique,
La flamme ayant tout dévasté.

Oui cette Vierge est un surhomme.
Ainsi partout chacun le croit.
Orléans en appelle à Rome,
Mais après Jeanne — par surcroît —
Comme une élite valeureuse
Sur ses juges la voit planer,
Rome l'acclame Bienheureuse,
A quoi servirait l'ajourner ?

Au sein du Velay qui moutonne,
Arrive au Puy — du Quirinal —
Un condisciple de Gladstone,
Maning, le futur Cardinal.
Au bout d'un banc, avec simplesse,
Son âme sainte révéla
Ce que l'on révèle à confesse
A l'archiprêtre Péala.

Fleur féminine de la France
Jeanne, Pucelle d'Orléans !
Apporte, ici, la délivrance
Aux fils des preux et des géants,

Et par l'Ange ou par Dieu guidée
Fais choir encore dans nos mains
Constantinople et la Judée,
Le troupeau même des Humains.

Un jour, la main de la Pucelle,
Maîtresse du Royaume Franc,
L'offrit à Jésus, puis à Celle
Qui, sous Lui, tient le premier rang,
Ou dans la paix ou dans la guerre,
Sois donc, sois donc, Roi très chrétien !
Leur lieutenant ou leur Vicaire.
Leur intérêt ? mais c'est le tien.

A. V.

N.-B. — L'on peut chanter telles ou telles strophes sur les meilleurs airs connus s'adaptant à la mesure. La musique faite exprès par nous n'a pu être publiée.

ERRATA

Page 5, lin. 13 : lire Patmos *non* Patinos.
Page 18, lin. 2 : en remontant, lire : Darwinisme.
Page 42 lin. 9 : virgule après « pas ».
Page 47, lin. 5 : en remontant, lis *non* lys.
Page 89, lin. 14 : ferrariar *non* ferriar.
Page 129, lin. fin : Grazes *non* Garazes.
Page 131, lin. 21 : des Farges *non* de Farges.
Page 141, lin. 1 : 1823, *non* 1827.
Page 166, lin. 15 : définitive *non* définition.
Page 178, lin. 4 : lèvres *non* livres.
Page 186, lin. 5 : près *non* prêt.
Page 188, lin. 7 : Zimiscès *non* Zémiscès.
Page 200, lin. 15 : à la *non* a a.
Page 201, lin. 14 : Charles VI *non* Charles VII.
Page 202, lin. 24 : fêté, *non* fête.
Page 213 [note (1)] : Cornélius *non* Cornu.
Page 215, lin. 2-3 : unicuique *non* iniquique.
Page 217, lin. 22 : de *non* et.
Page 217, lin. 23 : vous *non* nous.

TABLE DES MATIÈRES

	Pages
Tables pascales de 1910 à 2499 (sur les couvertures).	
Deux sonnets	II
Approbation épiscopale	III
Préface	V
La Foi s'implante dans le Velay. Discours sur saint Georges	1
Saint Vosy transfère le siège épiscopal de Ruessium ou Saint-Paulien à Anicium (Le Puy). Discours sur la Dédicace	30
Ages divers à Notre-Dame du Puy	63
Indulgences en général	105
Jubilé en général	108
Grand Pardon ou Jubilé du Puy	117
Jubilés de 1407, 1418, 1429, 1440	125
— de 1502, 1513, 1524	126
— de 1622, 1633, 1644	128
— de 1701, 1712	133
— de 1785, 1796	137
— de 1842, 1853, 1864	140
Jubilé de 1910 (permission de Rome)	144
Quelques miracles opérés par Notre-Dame du Puy	145
Vierge Cornélienne	151
Immaculée-Conception, 25e anniversaire de la définition pontificale	153
Le trirègne de Marie ou sa triple couronne	172
Satellites. — Saint-Joseph d'Espaly	200
Saint-Michel d'Aiguilhe	218
Cœur priant de Jésus, à Vals	233
Pèlerinages et Jubilés aniciens. — Vers	269
Errata	270

TABLE DES GRAVURES

	Pages
Façade de la Cathédrale	31
Intérieur de la Cathédrale	36
Notre-Dame du Puy, Vierge noire	43
Le monument vu du côté nord	76
Le cloître	79
Ex-voto de la peste (1630)	149
Notre-Dame de France à Corneille	195
Saint-Joseph de Bon-Espoir	209
Jeanne d'Arc (Tableau d'Ingres)	230

Le Puy, imp. de l' « Avenir de la Haute-Loire »

TABLE PASCALE DE 1910 A 2499 (suite)

M = Mars ; A = Avril.

Ann.	Pâq.	Ann.	Pâq.	Ann.	Pâq.	Ann.	Pâq.	Ann.	Pâq.	Ann.	Pâq.
2204	22 A.	2254	9 A.	2304	27 M.	2353	22 M.	2402	21 A.	2451	16 A.
2205	7 A.	2255	25 M.	2305	16 A.	2354	11 A.	2403	13 A.	2452	7 A.
2206	30 M.	2256	13 A.	2306	1 A.	2355	3 A.	2404	28 M.	2453	30 M.
2207	19 A.	2257	5 A.	2307	21 A.	2356	22 A.	2405	17 A.	2454	19 A.
2208	3 A.	2258	25 A.	2308	12 A.	2357	7 A.	2406	9 A.	2455	4 A.
2209	22 M.	2259	10 A.	2309	28 M.	2358	30 M.	2407	25 M.	2456	26 M.
2210	15 A.	2260	1 A.	2310	17 A.	2359	19 A.	2408	13 A.	2457	15 A.
2211	31 M.	2261	21 A.	2311	9 A.	2360	3 A.	2409	5 A.	2458	31 M.
2212	19 A.	2262	6 A.	2312	31 M.	2361	26 M.	2410	25 A.	2459	20 A.
2213	11 A.	2263	29 M.	2313	13 A.	2362	15 A.	2411	10 A.	2460	11 A.
2214	27 M.	2264	17 A.	2314	5 A.	2363	31 M.	2412	1 A.	2461	27 M.
2215	16 A.	2265	2 A.	2315	28 M.	2364	19 A.	2413	21 A.	2462	16 A.
2216	7 A.	2266	25 M.	2316	16 A.	2365	11 A.	2414	6 A.	2463	8 A.
2217	30 M.	2267	14 A.	2317	1 A.	2366	3 A.	2415	29 M.	2464	30 M.
2218	12 A.	2268	5 A.	2318	21 A.	2367	16 A.	2416	17 A.	2465	12 A.
2219	4 A.	2269	18 A.	2319	6 A.	2368	7 A.	2417	2 A.	2466	4 A.
2220	23 A.	2270	10 A.	2320	28 M.	2369	30 M.	2418	25 M.	2467	24 A.
2221	15 A.	2271	2 A.	2321	17 A.	2370	19 A.	2419	14 A.	2468	15 A.
2222	31 M.	2272	21 A.	2322	9 A.	2371	4 A.	2420	5 A.	2469	31 M.
2223	20 A.	2273	6 A.	2323	25 M.	2372	26 M.	2421	18 A.	2470	20 A.
2224	8 A.	2274	29 M.	2324	13 A.	2373	15 A.	2422	10 A.	2471	5 A.
2225	27 M.	2275	18 A.	2325	5 A.	2374	31 M.	2423	2 A.	2472	27 M.
2226	16 A.	2276	2 A.	2326	25 A.	2375	20 A.	2424	21 A.	2473	16 A.
2227	8 A.	2277	22 A.	2327	10 A.	2376	11 A.	2425	6 A.	2474	8 A.
2228	23 M.	2278	14 A.	2328	1 A.	2377	27 M.	2426	29 M.	2475	24 M.
2229	12 A.	2279	30 M.	2329	21 A.	2378	16 A.	2427	18 A.	2476	12 A.
2230	4 A.	2280	18 A.	2330	6 A.	2379	8 A.	2428	2 A.	2477	4 A.
2231	24 A.	2281	10 A.	2331	29 M.	2380	23 M.	2429	22 A.	2478	24 A.
2232	8 A.	2282	26 M.	2332	17 A.	2381	12 A.	2430	14 A.	2479	9 A.
2233	31 M.	2283	15 A.	2333	2 A.	2382	4 A.	2431	30 M.	2480	31 M.
2234	20 A.	2284	6 A.	2334	25 M.	2383	24 A.	2432	18 A.	2481	21 A.
2235	5 A.	2285	22 M.	2335	14 A.	2384	8 A.	2433	10 A.	2482	5 A.
2236	27 M.	2286	11 A.	2336	5 A.	2385	31 M.	2434	26 M.	2483	28 M.
2237	16 A.	2287	3 A.	2337	18 A.	2386	20 A.	2435	15 A.	2484	16 A.
2238	1 A.	2288	22 A.	2338	10 A.	2387	5 A.	2436	6 A.	2485	1 A.
2239	21 A.	2289	7 A.	2339	26 M.	2388	27 M.	2437	22 M.	2486	21 A.
2240	12 A.	2290	30 M.	2340	14 A.	2389	16 A.	2438	11 A.	2487	13 A.
2241	4 A.	2291	19 A.	2341	6 A.	2390	8 A.	2439	3 A.	2488	4 A.
2242	17 A.	2292	10 A.	2342	29 M.	2391	24 M.	2440	22 A.	2489	17 A.
2243	9 A.	2293	26 M.	2343	11 A.	2392	12 A.	2441	7 A.	2490	9 A.
2244	31 M.	2294	15 A.	2344	2 A.	2393	4 A.	2442	30 M.	2491	25 M.
2245	13 A.	2295	7 A.	2345	22 A.	2394	17 A.	2443	19 A.	2492	13 A.
2246	5 A.	2296	19 A.	2346	14 A.	2395	9 A.	2444	10 A.	2493	5 A.
2247	28 M.	2297	11 A.	2347	30 M.	2396	31 M.	2445	26 M.	2494	28 M.
2248	16 A.	2298	3 A.	2348	18 A.	2397	20 A.	2446	15 A.	2495	10 A.
2249	1 A.	2299	16 A.	2349	10 A.	2398	5 A.	2447	7 A.	2496	1 A.
2250	21 A.	2300	8 A.	2350	26 M.	2399	28 M.	2448	19 A.	2497	21 A.
2251	13 A.	2301	31 M.	2351	15 A.	2400	16 A.	2449	11 A.	2498	8 A.
2252	28 M.	2302	20 A.	2352	6 A.	2401	1 A.	2450	3 A.	2499	29 M.
2253	17 A.	2303	5 A.								

Vue Générale du Puy.

www.ingramcontent.com/pod-product-compliance
Lightning Source LLC
Chambersburg PA
CBHW050648170426
43200CB00008B/1207